# LATIN INFANCY GOSPELS

# LATIN INFANCY GOSPELS

A NEW TEXT, WITH
A PARALLEL VERSION FROM IRISH:
EDITED WITH AN INTRODUCTION

BY

M. R. JAMES

LITT.D., F.B.A., HON. D.C.L. OXON.,
HON. LITT.D. DUBLIN, HON. LL.D. ST ANDREWS

*Provost of Eton, sometime Provost
of King's College*

WIPF & STOCK · Eugene, Oregon

Wipf and Stock Publishers
199 W 8th Ave, Suite 3
Eugene, OR 97401

Latin Infancy Gospels
A New Text, with a Parallel Version from Irish
By James, Montague Rhodes
ISBN 13: 978-1-60608-308-6
Publication date 01/06/2009
Previously published by Cambridge University Press, 1927

# PREFATORY NOTE

*It was in August last that I came upon the Hereford manuscript of the text now published, and I have made what haste I could to put it into the hands of students in a readable form. My best thanks are due to those bodies and persons who have facilitated my task; the Dean and Chapter of Hereford for unrestricted access to their Library; the Council of the Royal Irish Academy, for permitting the use of Father Hogan's translations from the Leabhar Breac; Mr Robin Flower, of the British Museum, for drawing my attention to the Arundel MS. and for the light which his writings have thrown on the subject; and the Syndics of the Cambridge University Press for undertaking the publication.*

M. R. JAMES

ETON COLLEGE

24 *July* 1927

# CONTENTS

# INTRODUCTION

Let me try to indicate briefly, before entering on details, the interest of the text I am now publishing.

It is a new form of the Apocryphal story of the Birth of the Virgin and the Birth of Christ, in Latin.

It is a compilation, much of it taken from known sources, but a considerable portion from one not previously known. The two manuscripts of it which I have so far come across (others are sure to turn up) differ so widely, especially in the first part of the book, that I am obliged to give the text of both in full. They differ in merit, but both employ the following sources:

(*a*) The Protevangelium, or Book, or History, of James, hitherto only known in the original Greek and in some oriental versions, never in Latin. Its date is not late in the second century.

This is combined with

(*b*) a form of the Liber de infantia or Gospel of Pseudo-Matthew, a book current only in Latin. This work is itself a compilation. It uses the Protevangelium, but in the freest possible manner, and also, for its subsequent narrative of the Infancy miracles, the Latin Gospel of Thomas. It purports to be a translation from a Hebrew text, made by St Jerome at the request of two bishops. We cannot put it earlier than the fifth century.

(*c*) In the narrative of the Birth of Christ an entirely new source is used, which retains marked traces of Docetic views, and must in my judgment be as old as the second century. To these authorities the Hereford manuscript of the book adds extracts from

(*d*) The tract, sometimes called 'Gospel' of the Nativity of Mary, attributed, like Pseudo-Matthew, to St Jerome, which is a brief *réchauffé*, in elegant language, of the earlier chapters of Pseudo-Matthew; it must belong either to the fifth or sixth century;

(*e*) a sermon falsely attributed to St Augustine, no. 195 in the appendix to his genuine sermons: an intolerable piece of rhetoric, I suppose very likely of the sixth century;

(*f*) the Latin Vulgate.

Interest is concentrated upon two chief features, the portions of the Protevangelium hitherto unknown in Latin, and the new source, more especially upon the latter.

## THE MANUSCRIPTS

My text is drawn from two manuscripts, which, as I have said, differ so considerably that I am printing them both in full on opposite pages.

H. The manuscript marked O. 3. 9. in the Library of the Dean and Chapter of Hereford. This is a handsome quarto book of the 13th century. Its provenance is not clear. At the top of f. 1 is a late title and also the mark ѱk. This occurs in other MSS. in the collection, viz. O. 3. 8. and O. 3. 12: a similar mark of which the ѱ forms part is in P. 1. 7. Of these MSS., O. 3. 8. certainly belonged to the Grey Friars of Hereford, and there is a presumption, if but a slight one, that other books that contain such marks came from the same library, though they do not contain the proper press-mark of the Grey Friars.

The MS. measures 11¼ in. by 8, and has 133 leaves written in double columns of 33 lines, apparently all by one hand. The script is excellent, the decoration modest but of good style. The N-symbol is used for *autem*.

The binding is modern. There are six flyleaves from a MS. of Questions on the Sentences in a terribly contracted script.

Contents:

1. Gregory's 40 Homilies on the Gospels (*P.L.* 76. 1077) occupying ff. 1—113.

2. Hystoria de conceptione beate Marie, ff. 114—133.

The first part of this consists of the Office for the Feast of the Conception (Dec. 10) with the musical portions noted on a four-line stave. The strictly liturgical portions shall be indicated in a separate note. The nine Lessons form the first part of our text, extending to §27 inclusive. On ff. 122—133 the text of the Lessons is continued without a break to the death of Zacharias, thus corresponding in compass to the Protevangelium.

A. Brit. Mus. Arundel 404.

This is a small quarto book of the 14th century written in double columns of 37 lines. It consists of 28 leaves.

At the top of f. 1 is the inscription:

Iste liber est fratrum Carthusiensium prope Moguncium, *i.e.* from the Carthusians of Mainz; a good many other books from there are in the Arundel collection. The script does not seem to me at all distinctively German in character.

The contents are:

1. The Letter of Chromatius and Heliodorus to Jerome about the Liber de infantia, and Jerome's reply (both spurious), followed by the Liber de infantia or Gospel of Pseudo-Matthew corresponding in compass (but not in content) to the printed text. The first part, which alone is printed here in full, extends to f. 14. The remainder (chiefly drawn from the Gospel of Thomas) extends to f. 19. An extract from it is given here as an appendix: the text does not on the whole differ notably from the printed editions.

2. The Gospel of Nicodemus or Acta Pilati or Gesta Salvatoris, ff. 19—28.

I owe my knowledge of this MS. to Mr Robin Flower, of the Manuscript Department of the British Museum. In his second volume of the Catalogue of the Irish MSS. in the Museum, issued in 1926, he draws attention to it as presenting an unusual text, akin to that of the Irish Infancy stories (see p. 536). It is in many ways superior to the Hereford MS.

I have not the least doubt that now that attention has been called to the fact that there are two very different recensions of the Liber de infantia in existence (namely that now printed, and that of Thilo and Tischendorf) more copies, and very likely better ones, of the new recension will be found. I have not however been in a position to make a search for them myself.

The reader must kindly acquiesce in the fact that this publication is of a preliminary and tentative kind. The moment one begins to try to define the nature of the compilation here printed, a number of questions at present insoluble arise: at least if they are not insoluble to others they are so to me. Especially is this the case with the question of the Liber de infantia (Pseudo-Matthew). When was this book made up? What is its relation to the Protevangelium? Did it exist in a separate form side by side with a Latin Protevangelium? Are we to think of the new recension of it as later or earlier than the common texts?

I cannot arrive at any clearness on these points; but I have thought that some light might come from an examination of the spurious letters which are prefixed to the ordinary printed text.

The two bishops, Chromatius and Heliodorus, in their letter to Jerome, are made to say that they have found 'the birth of the Virgin Mary and the nativity and infancy of our Lord in (or among) apocryphal books. Wherein observing many things written contrary to our faith, we think we ought to reject all.' But they had been told that Jerome had found a Hebrew book written by Matthew the evangelist containing the birth of the Virgin and infancy of the Saviour. Will not Jerome translate this into Latin, and thus supply an antidote to those who, that they might instil evil teaching, have mingled their own lies with the 'good nativity of Christ'?

Jerome replies (very obscurely) that they have asked a hard thing. If Matthew had thought fit to publish these matters, he would have added them to his published Gospel. But he wrote 'this' book in Hebrew, and so far was he from publishing it, that at this day it is kept by certain very religious men to whom it has been handed down. They never gave it to anyone to translate, but they communicated the text of it 'aliter aliterque': and so it has come about that a disciple of Manichaeus called Leucius (who also wrote the spurious Acts of the Apostles) published 'this' book, which furnished matter not for edification but for pulling down, and was, in a synod, proved to be such that the ears of the church ought to be closed to it. Jerome now translates the writing of Matthew, not as an addition to the canonical scriptures, but to expose the deceits of heresy.

If this means anything, it means that in the time of the man who made up these letters there was an unorthodox Liber de infantia in circulation, sufficiently unorthodox to be called Manichaean, and attributed to the arch-perverter of good writings, Leucius. If the letters are later than the text to which they are prefixed, they mean that there was an orthodox Liber de infantia which the forger wished to commend to the faithful. If the letters are contemporary with the text, they are the forger's effort to commend that text. One thing is certain. In the text now published there is matter fairly to be described as contrary to the faith. Have we, in the new text, the unorthodox Liber de infantia against which the letters are aimed? It seems simple to answer yes: but I am not at all clear that it is right. It is however clear to me that the new text goes some way to explain the existence of the letters.

There is another solid fact. The Gelasian Decree (see von Dobschütz's edition, pp. 50, 54) condemns

| | |
|---|---|
| Evangelium nomine Jacobi minoris | apocryphum |
| Liber de infantia salvatoris | apocryphus |
| Liber de nativitate salvatoris et de Maria vel obstetrice | apocryphus. |

In the first of these entries I agree with the common opinion that we may recognize the Protevangelium. In the second it would be legitimate to see the Gospel of Thomas. The third, with its special mention of the *obstetrix*, must surely have a bearing on our new text, in which this personage is so prominent. It is not, in my opinion, going too far to say that the Decree furnishes evidence of the existence of our text in the sixth century.

It is to be noted that, as von Dobschütz has shown, the several parts of the list of Apocrypha in the Decree are of different characters. Many titles of Gospels and Acts are merely borrowed from Jerome, and do not necessarily imply knowledge of the documents on the part of the author. The subsequent list, beginning with the Liber de infantia, consists of writings actually current in the author's time, and in some degree known to him.

But it must be repeated, and emphasized, that the relation of the known Liber de infantia to the new text is, to me, obscure, and it is for convenience' sake that I speak of the new text as 'using' the Liber de infantia: for convenience also that I shall commonly call the Liber de infantia, Pseudo-Matthew (Ps.-M.).

There is however no uncertainty as to the use of the Protevangelium by the new text.

The prevailing view nowadays about the Protevangelium, as we have it, is that in the main it is a second-century book, with certain well-defined interpolations: notably the passage (xviii. 2—xix. 1) where Joseph speaks in the first person, and the passages relating to Zacharias (x, xxii—xxiv). We have little to go upon in determining the date at which these interpolations were made: we only know that Origen mentions the Protev. (Book of James) and that he tells a story of the death of Zacharias quite different from that of Protev.

The compiler of our new text had before him a Protev. closely corresponding with ours. There is a passage answering to the speech of Joseph (here put into the mouth of the midwife) and the Zacharias story is given in full. Very few points in Protev. have been *omitted*[1], though in many places the matter of Ps.-M. has been used in preference to that of Protev.

Noteworthy also is this point, that the MS. H attributes the whole narrative to James, whereas A, by prefixing the spurious letters, implies an attribution to Matthew. In this respect H resembles two Paris MSS. and a Cambridge one quoted by

[1] The chief ones are:

Joachim's search in the δωδεκάφυλον of Israel to see if others beside himself had been childless. Prot. i. 3.

Anna's dressing herself in her bridal robes. Prot. ii. 4.

The mention of the πέταλον of the High Priest. Prot. v. 1.

Joseph's words to Mary when he leaves her at home. Prot. ix. 3.

The summoning of maidens of Davidic descent. Prot. x.

Joseph's soliloquy about enrolling the Virgin. Prot. xvii.

The panels of the Temple crying out. Prot. xxiv. 3.

Note that MS. A retains a good deal that H omits.

Thilo (*Cod. Apocr.* 339), and also agrees with Hrotsvitha, who in the title of her poem *Maria* has 'Historia natiuitatis etc quam scriptam repperi sub nomine S. Iacobi fratris domini'[1]. But her text, and that of the other MSS., is that of the Liber de infantia that we know.

It is true that the Chronicle known as the Barbarus Scaligeri gives in Latin excerpts from the Protev. about the death of Zacharias and flight of Elizabeth: but this is a version from Greek extant in only one copy, the compiler's autograph (?)

The new text then gives us, what we had not before, testimony to the currency of the Protev., in the form known to us, in Latin. This is interesting enough: but the real interest of this publication centres round the New Source which suddenly emerges when we approach the story of the Birth of Christ.

The fact that we are dealing with a document hitherto unfamiliar appears in the first lines of § 69, where not only are some lines devoted to telling how minute were the requirements of the imperial 'descriptio,' but we find the curious detail that Joseph had formerly been called by the name of Moab: which I am quite unable to explain. It has to me the flavour of a waif of archaic tradition. Probably it is based on some Old Testament text, which I cannot identify.

The object and scope of the 'taxing' are worth notice. In Protev. Augustus decrees that all the inhabitants of Bethlehem should be enrolled. Some MSS. add the name of Herod as issuing the decree; one extends the scope to all Judaea. Ps.-M. is vague; "everyone" is to enrol himself in his native place. The Source in A speaks of all Judaea, in H—assimilated to Luke—of all the world. It goes on to describe the minutely inquisitorial nature of the census, of which there is no indica-

[1] The rubric in H is a blend of Protev. xxv. 1 and i. 1. I place them in parallel columns.

H. Ego Iacobus filius Ioseph fabri qui presens fui et uidi Hec omnia hanc hystoriam scripsi gratias agens deo qui mihi dedit sapientiam et intellectum in hystoria tribuum XII filiorum Israel.

Erat quidam uir in terra Israel, etc.

Prot. xxv. Ἐγὼ δὲ Ἰάκωβος ὁ γράψας τὴν ἱστορίαν ταύτην . . . .

δοξάζων τὸν δεσπότην θεὸν τὸν δόντα μοι τὴν δωρεὰν καὶ τὴν σοφίαν τοῦ γράψαι τὴν ἱστορίαν ταύτην.

i. 1. Ἐν ταῖς ἱστορίαις τῶν δώδεκα φυλῶν τοῦ Ἰσραὴλ ἦν Ἰωακεὶμ κ.τ.λ.

tion elsewhere. The notion of Protev. that the Roman Emperor could decree a census of Bethlehem may not be quite so absurd as it seems. The object would be to find out (as Domitian is represented to have done later) whether there were persons claiming Davidic descent who would be likely to cause trouble politically.

Our document however, we very soon see, is not unadulterated. In § 61 we have the vision of the Two Peoples seen by Mary narrated in the terms used by Ps.-Matt. (xiii). It is possibly worth while to call attention in passing to the difference in the treatment of this story shown by Protev. and Ps.-M. respectively. In Protev. (xvii) Joseph does not reproach Mary for 'superfluous words': and there is no interpretation of the vision. That, and the angelic interpreter, is supplied in Ps.-M., where the Two Peoples are said to be the Jews and Gentiles. Possibly this is what the writer intended, but we find the Armenian Infancy Gospel calling them the angels and demons, which is at least a plausible view.

In the following sections the new matter is copious, and it is of a complexion quite different from that which we have been reading in the first part of the book. Of the place of the Birth the author has something new to say. In Protev. it is a cave, not in Bethlehem, nor even very near it. The party are ἐν τῇ μέσῃ ὁδῷ when Mary wishes to dismount; and Joseph is perplexed. "Whither shall I take thee...for the place is desert." In our Source Joseph goes on ahead of the rest, stands in the street of Bethlehem and greets his native town, and then finds a lonely stable, evidently in the outskirts of the town, as we learn from the shepherds; a place which is meant, he thinks, for a shelter for strangers, which suddenly becomes a 'spelunca' when we rejoin the text of (Ps.-M. and) Protev., and continues to be so. I think the author has been at pains to correct Protev. and locate the Birth at Bethlehem, but has not troubled to tell us that the stable and the cave were one and the same. He has left this to be understood: unlike Protev., which makes Mary remove to the stable on hearing of the Massacre of the Innocents, and unlike Ps.-M., in which she removes thither on the third day after the Birth, for no specified reason. Joseph's greeting to his native town of Bethlehem and his soliloquy about the stable are conceived in a picturesque way. They are unnecessary to the progress of the story, strictly speaking, and they show an attempt on the author's part to visualise the situation in detail. Now, too, there enters upon the scene another actor, in the person of Symeon, Joseph's son, who remains with us till the end of the document. His rôle is not unimportant. He often makes his presence felt by speaking, and aiding Joseph in various ways; but his real *raison d'être* is that he may be an eyewitness of the Virgin Birth and of what followed. He is the one person besides Joseph who is permitted to hear the testimony of the midwife to the virginity *post partum*.

This Symeon is evidently the Simon of Mt. xiii. 55, Mc. vi. 3, mentioned with James and Joses and Judas as a brother of the Lord. And it is of these brethren that Origen in Matt. x. 17 says: *τοὺς δὲ ἀδελφοὺς Ἰησοῦ φασί τινες εἶναι, ἐκ παραδόσεως ὁρμώμενοι τοῦ ἐπιγεγραμμένου Πέτρου εὐαγγελίου ἢ τῆς βίβλου Ἰακώβου, υἱοὺς Ἰωσὴφ ἐκ προτέρας γυναικός*. If we turn to the one of these two sources which is known to exist, the *βίβλος Ἰακώβου*, we find but very few allusions to the sons of Joseph. In ix. 2 Joseph says *υἱοὺς ἔχω* (one MS. adds *νεανίσκους*): in xvii. 1, *ἐγὼ ἀπογράψομαι τοὺς υἱούς μου*: in xvii. 2 *καὶ ἐπέστρωσεν τὴν ὄνον ... καὶ εἷλκεν ὁ υἱὸς αὐτοῦ*, in xviii. 1 *παρέστησεν αὐτῇ τοὺς υἱοὺς αὐτοῦ*. This is all that I find in Tischendorf's *text*, but in his apparatus to xvii. 2 there is something more instructive. Several of his MSS. add the name of Samuel; three authorities give Simon or Symeon[1].

But at the best the evidence of Protev. on the subject is meagre: it may be admissible to think that as Origen names the Gospel of Peter first, that book contained more to the purpose than the other. The choice of Symeon to fill the part

[1] The evidence is: E (Par. gr. 1468, cent. XI), *κ. εἷλκεν ὁ υἱὸς αὐτοῦ κ. ἠκολούθει Σαμουήλ*. D. (Par. gr. 1215 of 1068) *κ. εἷλκον ὁ υἱὸς αὐτοῦ Σαμουήλ, κ. ὁ ἕτερος ἠκολούθει αὐτοῦ* L (Par. gr. 1190, cent. XVI) *κ. ἠκολούθει κ. ὁ υἱὸς αὐτοῦ Σαμουὴλ ὄπισθεν αὐτῶν* B (Venet. 363., date not given) *κ. ἐγὼ Ἰάκωβος κ. Σίμων ἐπηκολουθοῦμεν* $F^b$ (Vat. 455, cent. XI) *κ. Ἰάκωβος κ. Συμεὼν ἐπηκολούθουν αὐτῇ* $F^a$ (Postel's text) *κ. Ἰωσὴφ δε κ. Σίμων ἠκολούθουν* R (Dresd. A. 187, a late MS.) as L. The Syriac, which is one of our oldest authorities, does not name any son.

of eyewitness, and be the prominent one among Joseph's sons, to the complete exclusion of James, who is not only prominent in early tradition but actually figures in Protev. as the narrator of the history, is very notable.

The narrative in 64 touches Ps.-M. at two points, once to agree, once to disagree. It is Symeon who stops the beast and helps Mary to dismount: in Ps.-M. it is an angel. In A, but not in H, a light as of the sixth hour of the day begins to shine in the cave from the moment of Mary's entrance, and so it does in Ps.-M. I suspect a borrowing here on the part of A. But after this comes a long stretch of matter only very partially represented either in Protev. or in Ps.-M. We have, first the rather lively dialogue in which Symeon refuses to fetch a midwife, then the meeting with the midwife's maid, then that with the midwife who has been summoned by an angel-youth. The conversation between her and Joseph is from Protev. Then the midwife is introduced into the cave, after hesitation. Joseph cautions Mary when she smiles, and the midwife utters her great cry of astonishment at the Virgin Birth. This matter is from Ps.-M. But, taken in conjunction with what follows, it reads as a clumsy patch. Let us note the sequence of the story in Ps.-M. as represented in Tischendorf's text.

Mary has entered the cave and the Light has begun to shine in it. "And there she brought forth a male child whom as he was born angels compassed about, and when born adored him saying Glory to God etc. For Joseph had been some time gone to seek midwives, and when he returned to the cave, Mary had already brought forth the child. And Joseph said to Mary, I have brought thee Zelomi (*al.* Zael) and Salome (*some omit her*) the midwives, and they are standing without before the cave and dare not come in hither because of the exceeding great light. And Mary hearing that smiled." And so we proceed, till the midwife has said 'a virgin hath conceived, a virgin hath brought forth, a virgin she hath continued!' Immediately on this follows the Salome-story. So the Birth is over before the midwife arrives.

It is not so in Protev. nor in our New Source. Take Protev.

first. After Joseph has said 'come and see' the text goes on. "And the midwife went with him, and they stood in the place of the cave, and lo a bright cloud overshadowing the cave, and the midwife said 'My soul is magnified this day, for mine eyes have seen marvels, for salvation is born unto Israel.' And immediately this cloud withdrew itself from the cave and there appeared a great light in the cave, so that our eyes could not bear it, and by little and little that light withdrew itself until the child appeared and came and took the breast of his mother Mary, and the midwife cried out and said 'Great unto me is this day to-day, because I have seen this new sight.'" She leaves the cave and meets Salome. Apparently both Joseph and the midwife witness the Birth.

Quite different is the treatment in the New Source, though some of the wording of Protev. is found in it. The midwife enters the cave alone and is there for several hours. Joseph is not allowed to go in. About cockcrow (so H) the midwife comes out, and is met by Symeon with anxious inquiries. In reply she bids him and Joseph sit down and listen to her story. In that story is a blend which requires analysis. It opens with an exclamatory address to God, of thanks for being allowed to see such wonders, and despair of being able to tell them aright. Symeon interrupts, begging her to conceal nothing. 'God forbid that I should' replies the woman, and adjures her hearers to listen and remember. She then tells how when she approached, Mary was engaged in silent prayer and paid no attention to her questions. Then she tells of the great silence that came upon all things—winds, waters, all men and beasts, nay, even the heavenly bodies, a silence of expectation of the advent of the Lord of all. This is an adaptation of the passage in Protev. xviii in which Joseph speaking in the first person tells of the arrest of all movement at the moment of the Birth. But it is not so plausibly managed, for Joseph was in the open air and the woman in the cave: Symeon would have had a better opportunity of noticing it than she!

Then we come to the actual Birth, and this is narrated with a great deal of circumlocution and repetition which disguises the meaning very effectually. The MS. A seems more original here for the most part, though its text is disfigured by the repetition of several lines. It is worth while to render in full the text of both authorities.

| Arundel | Hereford |
|---|---|
| When therefore the hour drew near the power of God came forth openly and the maiden standing looking toward heaven became like a †vine†. | When therefore the hour drew near for the power of God to come forth openly the maiden continued immoveably looking toward heaven. |
| For now was coming forth the end of good things. | For now was approaching the time of all good things or blessings. |
| But when the light had come forth she adored him whom she saw she had brought forth. | And when the infant god had come forth of the womb of the virgin mother, forthwith she who bore him first adored him whom she saw she had brought forth. |
| Now that child was shining round about like the sun, mightily, pure and most pleasant in aspect. | Now that child is shining all about like the sun mightily. Most pure also, and pleasant in aspect more than all children. |
| inasmuch as he alone hath appeared †wholly† peace making peace. | and therefore in him true peace is come to all the world. |
| Now in that hour wherein he was born there was heard a voice of many invisible ones saying with one voice Amen. | So in that hour wherein he came forth from his mother there was heard the voice of a multitude in the height of heaven saying most clearly Amen, amen, amen. Alleluia to God. |
| and that light which was born was multiplied and with the brightness of its light it darkened the light of the sun | Also that light which was now born with the brightness of its light overshadowed the light of the sun. |
| and this cave also was filled with bright light, with a most sweet perfume. | For this cave also was filled with bright light and with every sweetest perfume. |
| Now this light was so born like as dew from heaven descended upon the earth. | Now this light was so born like as the dew is born which descendeth from heaven upon the earth. |
| For the perfume of it is fragrant more than all the scent of ointments. | The perfume of it also is fragrant beyond all the scent of ointments. |
| Now I stood amazed and marvelling, and fear laid hold upon me, for I was looking upon so great brightness of the light that was born. | Now I when I saw all this stood greatly amazed and marvelling mightily, for great fear laid hold upon me when I looked upon so |

| Arundel | Hereford |
|---|---|
| | great brightness of the light that was born. |
| But that light by little and little withdrawing into itself, made itself like to an infant, and in a moment it became an infant as infants are wont to be born | But that light by little and little began to withdraw into itself and made itself like an infant, and in †the encompassing brightness† an infant was born like as other infants are wont to be born. |
| and I put on boldness and bowed myself and touched him and lifted him up in my hands with great fear and I was smitten with fear for there was no weight in him as of a man that is born | Then therefore I put on boldness and bowed myself to the child and when I had worshipped him I dared to touch him. I lifted him up therefore in my hands, being filled at once with fear and great joy because when I carried him I felt that he had no weight at all. |
| and I looked upon him, and there was not in him any defilement, but he was as it were all shining (*or* washed) with the dew of the most high God, light in body to bear, and bright to look upon | But when I looked him round about there was not in him any defilement, but he was full of all grace, and as it were all shining (*or* washed) with the dew of God most high in his body, light to bear and bright to look upon. In that hour then when I took the child into my hands I looked and saw that he had his whole body most pure and in no part defiled as other infants are wont to be born, with uncleanness, and while I, much amazed in |
| and as I wondered much because he did not cry like as infants newborn are wont to cry | myself, marvelled hereat, I noted also that he did not cry as all men are wont to cry when newborn |
| and as I held him, looking upon his face, he smiled upon me with a most merry smile, and opening his eyes he looked upon me sharply and suddenly there came forth a great light from his eyes, as a great lightning. | but furthermore as I held him upon my knees looking upon his most sweet face, he smiled upon me with a most merry smile looking with his eyes on me very sharply, and suddenly there came forth of his eyes a great light like lightning. |

What seems to emerge from this is that a Light is born of the body of the Virgin and takes the likeness of a Child. When he speaks of the dew, Gideon's fleece and perhaps Ps. lxxii. 6, "He shall come down like the rain into a fleece of wool and like the drops which water the earth" may be in the author's mind. One cannot pretend that either text is impeccable, but it seems pretty evident that H has modified the more startling phrases of A. Where A has 'lux' H has 'infans deus,' where A has 'in continenti' H adds 'splendore' and so on.

The only point I see in which this narrative touches Protev. is in the phrase 'lux in sese residere cepit' which may render *τὸ φῶς ἐκεῖνο ὑπεστέλλετο.*

I do not at the moment do more than call attention to the very curious doctrine implied in the story. I proceed with the narrative, following A.

Symeon now cries out in wonder, and congratulates the woman and himself on being witnesses of such marvels. But she tells him she has yet more to relate. This interruption of Symeon is in H, quite wrongly, as I feel, postponed to the end of the story. The woman goes on to tell of her discovery of the virginity of Mary *post partum*, in language which almost exalts this marvel above all that went before. The final clause is badly and strangely corrupted in A.

| Arundel | Hereford |
|---|---|
| et inueni hanc puellam que genuit | inueniquehanc puellam quegenuit hunc puerum esse uirginem |
| virginem non solum a partu | non solum ante partum |
| sed et sexu hominis masculini | sed etiam post natum ex ea masculum |

I cannot mend the phrase of A plausibly, but I feel that it does not really convey the apparent meaning; words have fallen out after 'sed et.'

The Salome story follows. I have no doubt that it was in the Source, though it has been adulterated from Ps.-M. It is too valuable a confirmation of the Virgin Birth to have been omitted by our author, who is so deeply interested in that point. He takes it from Protev. At the end of the episode it should be noted that A keeps to Protev. in telling of the heavenly voice which came to Salome, whereas H makes it merely a warning spoken by the midwife.

Next we have the episode of the shepherds, again better preserved in A than in H, as is shown by the Irish version. H has omitted what perhaps seemed undignified in the talk of the shepherds with Joseph and their description of their pastimes as they kept watch. A however is not quite without blemish. The clause 'nos autem adorabimus (-uimus) archanum eius' (= H. quem cum adoraremus) is to me obscure. A omits 'et mellis' among the shepherds' promised gifts, spoiling (as I think) the allusion to Isaiah's 'Butter and honey shall he eat.' At the end of the episode it inserts a piece of Ps.-M. which is quite out of place. H does not give so much. The shepherds' episode is obviously from the same pen as that of the midwife. Their description of the Child has several traits in common with hers, the smile, the sudden flash from the eyes, the sweet odour: but they add a most significant touch about the changing aspects.

The last episode in which the New Source appears is that of the Magi. The text of A, confirmed in several points by the Irish, must again be taken as the better, but not at first. It places the visit 'post dies paucos, id est die tredecima' which reads like a gloss, and does in fact agree with one MS. (Tischendorf's D) of Ps.-M. and then, after a few words from the Source, it inserts a considerable piece of Ps.-M. xiii and xvi, where H gives only the piece from xiii. After this it preserves more detail than H. Symeon has more to say, and there is more liveliness in the questioning of the Magi by Joseph, and in his repeated injunctions to Symeon to keep his eye on the strangers. We are grateful however to H for keeping the word 'augures' where A writes 'agnos.' The text of A in its account of the star is very odd, and no doubt in places corrupt, but it gives an impression of greater originality than the smoother one of H. The reminder is perhaps advisable that neither Protev. nor Ps.-M. adds anything to the Gospel's account of the Magi. It is only in the Armenian Infancy Gospel that we find the incident greatly embellished. The 'Dispute at the Sassanian Court' (edited by Vassiliev and Bratke) has much to tell about the signs which occasioned the journey of the Magi, and the 'Opus imperfectum in Matthaeum' quotes from some unknown book the story of the age-long vigil on the Mount of Victory. But none of these show any contact with our Source.

The Source may be taken to disappear in A with the words "detinuit autem eos," and in H with "letantesque in bonis domini." What follows in both is from Ps.-M.—departure of the Magi, Massacre of the Innocents, Flight into Egypt.—The Protev. is then used by both for the story of Elizabeth and of the death of Zacharias, with which last H ends. A adds, from Protev., the election of Symeon as high priest, and pieces on to this awkwardly enough the greater part of the account of the Presentation given by Ps.-M. This is followed by a few lines about John Baptist, drawn from Protev., Matthew and Luke: after which the text of Ps.-M. xviii is taken up, and that document is followed, with one large insertion (see Appendix) to the end of the book.

So far we have been surveying the New Source chiefly from the point of view of its relation to Protev. and Ps.-M. The net result is that it is posterior to Protev., uses and alters it, and that the pieces of Ps.-M. which occur are patches added to it by a compiler.

We begin to be sure of its appearance at a well-defined point—the issue of the decree of Augustus,—and we do not trace it after the visit of the Magi; for the Elizabeth and Zacharias-stories may perfectly well be compiler's additions.

We see that its text of Protev. was substantially ours; in particular, that the supposed extract from an Apocryphum Josephi, about the silence of nature, was already in place. Those scholars who regard that piece as an interpolation into Protev. will be inclined to depress the date of our Source accordingly.

If the Source makes use of the latter part of Protev., its author must clearly have been acquainted with the first part thereof. But we see no trace of his work whatever in the earlier part of the story. This is significant when we come to ask, as we now do, what is his ruling motive and object.

It is *not* the glorification of the Virgin. In the sections which clearly belong to the Source she says not a single word: she seems to be a completely passive agent in the accomplishment of the great event. Continuing in silent prayer from the moment she appears on the scene, her one act is to adore the

Light that is born of her. The contrast between the earlier part of the compilation and the later, in this respect, is surely most striking.

On the other hand one great object of the writer is to demonstrate the perpetual virginity. On this point he dwells at a length and in a manner which are very distasteful to us. The Protev. emphasized the fact by the testimony of Salome. Our author doubles this attestation, and vastly increases the importance of the physical phenomena.

And why? The answer seems to me inevitable and of weighty consequence. The aim is to show that the Birth was not a real Birth at all. In other words the aim is to impress the Docetic view. The Protev. has been called Docetic by some: but the Protev. tells how the Child when born came and took the breast of his mother Mary. There is no such thing in our Source. Here, that which is born is a Light which gradually takes the form of a child. It has no weight, it needs no cleansing, it does not cry, it has intelligence from the moment of birth: when the shepherds adore it, it changes its aspect and its stature. It is in short not a human child at all. If ever there was a Docetic account of the Lord's birth, it is here. The child has passed through the body of his mother ὡς ὕδωρ διὰ σωλῆνος, in the words attributed to Valentinus.

Not that we are here dealing with a Gnostic document, in the strict sense. Many were Docetae without being adherents of a Gnostic system, and I see nothing in this document which savours of any one of them. The Deity of Christ is stressed as much as, or even more than, the virginity of Mary. He is the true son of God, the God of Gods. While it is the special function of the midwife to proclaim the virginity, the shepherds come to attest the divinity on the strength of a direct annunciation from heaven, and the Magi bring astral lore and ancient prophecy to bear on the same point. But there is nowhere any of the technical terminology of Gnosticism.

Let us examine the personnel of the Source.

Joseph, Symeon, the midwife, the shepherds, the Magi are the chief speakers and actors.

I am impressed, in general, by the fact that the writer has formed a distinct conception of his characters. Joseph is a simple person who finds it difficult to realize the bearing of what is going on. He treats the Virgin with respect and kindness (the harsher expressions he uses are all from Ps.-M.) but does not seem to be alive to the vast importance of the Birth: the Magi are at pains to impress this upon him. He is rather like Martha, troubled about procuring a good dinner, and nervous about what the Magi may be doing in the cave, though he does not think it polite to watch them himself. It is to be remarked that in the Gospel of Thomas also he is unperceptive of the greatness of the Child, and has to be rebuked.

The midwife has no name in the Source, any more than she has in Protev.; all the passages where she is called Zachel or Rachel or Zelam belong to Ps.-M. She is an aged woman (mea senectus § 76), wise and devout, and, like the rest of the actors, she has far more perception than Joseph of the meaning of all she has seen.

Symeon is more like Joseph. He is very considerate and helpful to the Virgin, whom he speaks of as 'puella,' and is apprehensive about her. "Is there any hope that she will live?" he asks. Yet he is more impressed than Joseph. It is he who echoes the words of John xx and calls himself blessed for believing, though he has not seen. In the episode of the shepherds he does not appear; there was no obvious part for him to play; but when the Magi come on the scene he is used to report their proceedings to Joseph. His rôle and his *raison d'être*, as I have said, are those of the independent witness.

The shepherds and the Magi are likewise witnesses, but of different kinds. There is not much to be said about the shepherds, save that their rustic character is to some extent portrayed. The Magi represent the testimony of ancient learning and science. They cite their antique prophecies, which, they seem to say, are even more venerable than the Jewish scriptures. The author has in his mind, I think, such writings as the Prophecy of Hystaspes. When they speak of a 'rex eternus qui dabit iustis uitam inmortalem' we are reminded of the quotation in Lactantius from that Prophecy which says 'missum iri a patre filium dei qui deletis omnibus malis pios liberet,' the point of contact being that both the Magi and Hystaspes are Gentile witnesses. As to the description of them, it agrees very closely with the early representations in paintings and on sarcophagi. They wear caps, and on their feet what A calls 'sarabee' and H 'caraballa,' the right form being 'sarabara.' This word indubitably means the leg-clothing used by Persians. Though Isidore in a later age may say "sarabarae quaedam capitum tegmina nuncupantur, qualia videmus in capitibus Magorum picta," all earlier authorities agree that it signifies 'tibiales' or breeches. The Phrygian cap and the leg-clothing are seen again and again in the portrayals of the scene from the earliest moment at which it appears. Again, there is no hint that the Magi are kings. It is not before the sixth century that they are so described, at least commonly, though Kehrer quotes a passage from Tertullian (*adv. Marc.* III. 13) which is capable of being interpreted in that sense. Nor is the traditional number of three specified here, a number admittedly inferred from the number of the gifts; only in some Oriental books, such as the Armenian Infancy Gospel, and Solomon of Bassorah's Book of the Bee, is the number increased to twelve. In short, there are no marks of a late date in the story as it is here told. But there is in this and in all the other episodes from the Source a quality of picturesqueness which we shall look for in vain in the later products of the Christian romancers. The legendary Acts, which are full of such tremendous prodigies, rely on the enormity of these prodigies for their interest and narrate them baldly. Let the Acts of John or those of Paul (in the Thecla-episode particularly) be compared with the Acts of Andrew and Matthew or any others of the oriental cycle, and my meaning will become plain.

If it be allowed (*a*) that the New Source really is a separate book or part of a book embodied in the compilation before us, (*b*) that it is as compared with Ps.-Matt. of comparatively early date, (*c*) that it is of Docetic complexion, the next step is to inquire what, if any, book that we know of it can represent. We have but one suggestion, if it can be called a suggestion, in any old authority. The twelfth-century Gospel book of Maelbrigte quotes it and calls it the Gospel of the Hebrews. Unfortunately I cannot attach any importance to this attractive attribution. When I find the Gospel of Nicodemus freely called the Gospel of the Nazarenes, I am compelled to conclude that my author knew very little about the Gospel of the Nazarenes; and when I reflect that the spurious letters of Jerome and others describe Ps.-Matt. as a Hebrew Gospel written by Matthew, I feel that it is infinitely more probable that our twelfth-century Irish writer had them in his mind than that he had access to any form of what we know as the Gospel according to the Hebrews.

No: according to my lights we have to find a second-century Gospel of Docetic complexion which may be presumed to have contained a narrative of the Nativity. I can think of but one such book, and that is the Gospel of Peter: and, as I have already said in one or two magazine articles, I favour the idea that from the Gospel of Peter our New Source was taken.

I am not the first to suggest that the Gospel of Peter dealt with the story of the Nativity. Stülcken, commenting on the passage of Origen about Joseph's sons, quoted above (p. ix), says: "Aus dem Bestreben, Jesus als einzigen Sohn der Maria hinzustellen, darf man schliessen dass dies Evangelium auch die Erzählung von der Jungfrauengeburt enthielt" (Hennecke *NTL. Apokr.* II. 72, 1904). Indeed, I think this is fair. Origen adduces the Gospel *à propos* of the mention of the brethren of Jesus in Matt. xiii. 55: but it cannot be supposed that any Gospel narrating that incident would go out of its way to say that the persons here mentioned were really Joseph's sons by a former wife! It is only in its bearing on the virginity of Mary that the statement has any importance, and it is in that sense that Origen understands it. And the only reasonable occasion for emphasizing the virginity of Mary is when the story of the Birth is told[1].

[1] Cf. Zahn, *NTL. Kanon* II. 750: Aber auf der Linie einer doketischen Anschauung der evangelischen Geschichte liegt doch das, was Origenes aus dem Petrus Evangelium berichtet. Selbst die Mutter Jesu erscheint hier in den Kreis doketischer Betrachtung hineingezogen. Ausser dem einen Sohn, dessen Eintritt in die Welt ein Wunder des Geistes ist, kann die ἀειπαρθένος keine Kinder geboren haben.

It is reasonable, then, I think, to believe that the Gospel of Peter contained a Nativity story in which the sons of Joseph figured.

It *may* be without significance that the son selected for prominence in our narrative is Symeon. Why is it not James, the most prominent, in the after history, of all the brethren? An explanation suggests itself. James is the ostensible author of a Nativity Gospel which was known to and used by the author of our Source, whoever he was. He wishes to accumulate testimony for the story he tells, and so he adds another testimony, that of Symeon, to that of James. Symeon is another of the brethren of whom the memory survived, for there were some who identified him with the successor of James in the bishopric of Jerusalem, the man who was crucified under Trajan at the age of 120 years. If it is tempting to go further and suggest that to one writing under the name of Simon Peter the name of Symeon would have seemed an appropriate selection, it is not wise to press the suggestion, though proper to record it.

That the Gospel of Peter was Docetic in character we know. Serapion of Antioch rejected it on that account. Apart from that, he did not find it unorthodox.

Thus, in respect of the two points attested by ancient authority about the Gospel of Peter we find support for the idea that the New Source is derived therefrom.

But we have a portion,—as I think, two portions—of the actual book. Does the style and character of these confirm the theory I am putting forward? In one respect, yes. Our Source is to a considerable extent a compilation from older documents; the Gospels of Matthew and Luke and Protev. Just so the Passion-narrative of the Gospel of Peter shows us, in the opinion of nearly all scholars, a selection of matter from the Four Gospels, and, perhaps, from an early form of the Report of Pilate; and, again, if (as I become more and more convinced) the Apocalypse-fragment is also part of the Gospel, we have there a case of the absorption of the matter of a whole book, with abridgments and transpositions, into the body of another. Thus it may be said that the method of the author of the Nativity story is not diverse from that of the Gospel as known to us.

The question of style is more difficult. Our Latin text is not unadulterated; we see what liberties the Hereford form has taken with it, expanding, omitting, transposing, softening down. We can hardly suppose that in the Arundel form we have a perfectly faithful version; and both our MSS. are copies of what is itself a compilation.

But when allowance has been made for all this, I seem to detect some similarities with the manner of the Passion-fragment, particularly in the actors' habit of making little explanatory speeches—or expressing their thoughts aloud. A leading instance is the spoken reflection of the Women when they are about to go to the sepulchre. In the same way the Jews more than once express their thoughts. I am reminded of Joseph's soliloquies in 63, 64, 81 of our narrative. On the other hand, I find nothing in the Passion-fragment that resembles the ejaculations of the midwife in 70 and 75—'quomodo referam? vel quid dicam?' and so on. This is such matter as may well come from an embroiderer. There are other small points of contact, not to be pressed unduly, but to be recorded. In Peter 42 "they heard a voice out of the heavens saying Hast thou preached unto them that sleep? And an answer was heard from the cross saying Yea." So in our § 73 "in the hour wherein he was born there was heard a voice of many invisible ones saying with one voice Amen."

Again, citing the Apocalypse-fragment as part of the Gospel, we find a curious coincidence of imagination: 'a lightning of fire leaping from those children and smiting the eyes of the women,' and in our § 74 'he opened his eyes and looked upon me sharply, and suddenly there came forth from his eyes a great light like a great flash of lightning.'

Lastly, the anti-Jewish tendency of the Passion-fragment has always been recognized. It is faint in our Source; there is indeed little occasion for such a thing to appear. But something of the feeling may be present in the exaltation of the Gentile Magi above the Jewish shepherds. Their scriptures are older; it is they who are allowed to explain the true greatness of the child; and Joseph compares their generosity favourably with that of the shepherds 'non sicut pastores illi nostri (*or* nostre gentis) qui sine muneribus huc uenerunt' (92).

But what originally suggested to me the identification of our Source with the Gospel of Peter was its pronouncedly Docetic character. Of that I have probably said enough already, and it may be well now to leave the facts to elicit for themselves the acquiescence or disapproval of scholars.

## NOTE A

Among the patristic writers who have been shown to make use of the Passion-fragment of the Gospel of Peter one is conspicuous, Cyril of Jerusalem. As Dr Swete has said, his *Catechesis* on the Passion seems to bristle with allusions to it, and that in spite of the fact that he not seldom warns his hearers against the reading of apocryphal books. It is natural therefore to ask whether Cyril shows any knowledge of an uncanonical story of the Nativity. There are few and faint indications of such a thing. In *Catech.* IV he gives a warning against the Docetic views of the Birth, *οὐ δοκήσει καὶ φαντασίᾳ τῆς ἐνανθρωπήσεως γενομένης, ἀλλὰ τῇ ἀληθείᾳ, οὐδ' ὥσπερ διὰ σωλῆνος διελθὼν τῆς παρθένου*, where he uses words cited by Irenaeus as Valentinian. In *Catech.* XII, where he deals specially with the Incarnation and Nativity, he does once or twice coincide with the Source: for instance, he quotes the Psalm (lxxi) *ἐν ᾧ ἐστὶν· ὡς ὑετὸς ἐπὶ πόκον*, and enlarges upon it a little; and again he says emphatically *ἄχραντος καὶ ἀῤῥύπαρος ἡ γέννησις· ὅπου γὰρ πνεῖ πνεῦμα ἅγιον, ἐκεῖ περιῄρηται πᾶς μολυσμός· ἄῤῥυπος ἡ ἐν σαρκὶ γέννησις τοῦ μονογενοῦς ἐκ τῆς παρθένου.* But this may be quite generally said, though it recalls our § 78. I find nothing else that is to the point: Cyril is not by way of entering into the details of the story.

The *Didascalia* is another document which uses the Passion-fragment, but in it nothing is to be found about the Nativity.

## NOTE B

The Feast of the Conception of the Virgin has been the subject of a good deal of writing in recent years. I have not mastered the literature, but I have read what the late Edmund Bishop wrote about it in *The Bosworth Psalter* (45–53) and *Liturgica Historica* (238–59): and I do not know or believe that his conclusions have been traversed, nor could safer guidance than his be asked for in such a matter.

He finds the Feast (on Dec. 8) in pre-conquest kalendars which there is reason to connect specifically with Winchester: also in two pre-conquest Benedictionals, respectively of Winchester and Canterbury.

It was one of the specially English observances which Archbishop Lanfranc disliked, and he suppressed it. "Its revival is mainly due to the influence of the younger Anselm" (nephew of St Anselm, and Abbot of Bury) "and was formally sanctioned by a council of English bishops in the year 1129."

An Irish origin has been suggested for it, but this Mr Bishop does not accept. He is clear that it is an importation from Italy, and with it came the less famous Feast of the Presentation of the Virgin (Nov. 21): both, he says, were already received and traditional in Greek monasteries newly founded or renewed in Lower and Middle Italy in the tenth and eleventh centuries. And he suggests two occasions as "not unlikely to have brought about the importation: one the long stay of King Canute at Rome in 1027, the other the visit of Archbishop Ethelnoth to Rome in 1022." Another sentence of his is illuminating: "As regards the Greeks and Greek observances in Rome, the most recent research increasingly shows the importance and influence in the ecclesiastical world of the Greek monastery of St Sabas. So there was plenty of opportunity for learning Greek ways and fashions in liturgy or devotion."

So much for the origins. After our London council of 1129 had formally sanctioned the Feast, there was controversy. St Bernard wrote against it in 1140, and he was not alone on the Continent. Nicholas of St Albans defended it against him. I only mention this in order to impress the fact that the Feast was an English one, and that any manuscript at all near this period which takes any favourable notice of it—much more any liturgical office—must be of English make.

I am in no way concerned with later developments. Probably it will be from the liturgiological side that light may be thrown on the origin of our Hereford book. I must await that light at the hands of experts; meanwhile I will give such notes as I have of the Office.

114 *a*. Hystoria de conceptione beate Marie.
(Hystoria being used in the liturgical sense.)
Gaude mater ecclesia—tua namque conceptio summis est gratulatio. Alleluia. Evovae. *Noted.*
*Capit.* Dominus possedit me—a principio.
℟. O Maria clau. *V.* Per fu. *Ymnus* Ave Maria stella. *V.* Egredietur uirga.
*Ant. super Magnificat* Conceptio tua dei genetrix.
*R. in natiuitate eiusdem. Noted.*
Deus qui beate Marie uirginis conceptionem uaticinio—congrua frequentatione ueneratur. Per.
*Ad matut. Inuitat.* Eya peruigiles domino iubilate fideles. conceptumque pie solennizate Marie. *Ps.* Venite. *In i° Nocturno ant.* Gaude fidelis concio.... cui Eua obediuit.

114 *b*. *Ant.* A prophetis precinitur—que deum uirgo pareret. Evovae. *Noted.*
*Rubric* Ego iacobus—tribuum xii filiorum israel.
*Lectio prima.* In marg. (xiii) Lectiones de ven. concepcione b. Marie v. matris d. n. I. C. There are other marginals which shorten the Lections.

115 *a*. After Lect. I. (℟) Fulget dies hodierna. digna laude sempiterna qua concepta est Maria. per quam patet uite pia (*marg.* uia).
*V.* Germine regali nec non et pontificali. Concepta est. *Noted.*

116 *a*. After Lect. ii. ℟. Abrahe stirpe generosa. uirgo prodit gloriosa. que nullius per exemplum. se sacrauit

deo templum. *V.* Hec admiranda, cunctis hec est imitanda. Que uia. *Noted.*

117 *b.* After Lect. iii. ℟. Sicut rosa inter spinas—qui uitalem dat odorem. *V.* Cuius cunctorum laus promitur ore piorum. Germen. *Noted.*

*In ii° Noct. ant.* Namque rubis incombustis—saluo deum genuit. *A.* Uirga Aaron fructifera... A. Isaias ille diuus.... *Noted.*

*marg.* Lectio sec. Math. Liber generationis.

118 *b.* After Lect. iv. ℟. Virga iesse de radice—flore xpistum parituram. *V.* Voce prophetie signatur origo Marie. Jude. *Noted.*

*marg.* Lect. octaua.

119 *b.* After Lect. v. ℟. Prophetalis nubem leuem, etc.

*marg.* Lect. nona.

120 *b* and 121 are wholly occupied with the Office, noted.

Uerbum patris mundo fulsit Uirginis per uterum, etc.

*In iii° Noct.* Abrahe fit promissio quod illius successio, etc.

*In laudibus ant.* Conceptus hodiernus Marie, etc.

The order for Prime, Tierce, None is given on 121, seemingly unfinished: col. 2 of 121 *b* is blank.

## NOTE C

The following comparison of the contents of our two MSS. will serve to show the general superiority of A to H.

| | |
|---|---|
| A prefixes the spurious letters of Chromatius etc. and Jerome. | H has the rubric attributing the narrative to James. |
| § 1. 'imprimis ut propicius sit mihi dominus' = Protev. i. 1 *κυρίῳ εἰς ἱλασμὸν ἐμοί.* | om. H. |
| 3. dies pasche. | H encenniorum, from Nat. Mar. |
| 5. A omits Anna's 'double lamentation' Protev. ii. 1. | H has it. |
| 6. *fin.* A. Cum hec ita cuncta—prefeceris. | H omits: it is not found elsewhere. |
| 10. Appearance of the angel to Joachim. A follows Ps.-M., but adds (§ 13*a*) a piece about the cattle which Joachim took home: partly from Protev. (iv. 3) but much amplified. | H amplifies the angel's message from Nat. Mar. but omits all that is in Ps.-M. after the departure of the angel. |
| 14. Meeting of Anna and Joachim. A follows Ps.-M. | H follows Nat. Mar. |
| 15. Visit of Joachim to the Temple on his return = Protev. v. 1. | om. H. |
| 16. Birth of Mary. Anna's question to the midwife not given in A. | H indicates it. |
| Naming of Mary. A places this at a 'christening feast.' | In H it takes place at the Temple, and is combined with the blessing of Mary by the priests. |
| 16*a*. Mary walks at six months old (Protev. vi. 1), and what follows. | not in H. |
| 16*b*. The first birthday of Mary, and the feast, with Anna's song (Protev. vi). | not in H. |
| 18. The Presentation is postponed for a year (Protev. vii. 1). | not in H. |
| The account of the Presentation in A follows Protev. generally. | H follows Nat. Mar. |
| 24. The conduct of Mary in the Temple. Both follow Ps.-M., but A retains the account of the disposition of the day's work. | H omits. |

| | |
|---|---|
| 26. The Espousals. Mary is 14 years old in A. | H 12 years old (with Protev.). |
| The words of the priests to Zacharias 'Tu presto eris' etc. (Protev. viii. 2). | H places these later. |
| 28. The lot fell on the tribe of Judah. Not in A. | H has it. |
| | H has nothing about the neglect of Joseph's rod by the priest, or his being summoned. |
| 34. The Annunciation. | H inserts matter from Ps.-Aug. Sermon. |
| 36. After the Visitation. | H notes Mary's age, 14. |
| 37. The return of Joseph to Nazareth. | H has long insertions from Ps.-Aug. |
| 44. In A Joseph is minded to flee, as in Ps.-M. xi. | not in H. |
| 48. Trial of Mary and Joseph. | H has a longer speech of the priest to Mary, and her prayer is longer. |
| 49. | H interpolates the account of the water of jealousy from Numbers. |
| 51. A has a general exhortation to Mary to confess. | not in H. |
| 52. | H inserts a passage from Ps. i. |
| 58. | The return of Mary to Nazareth is more diffuse in H. |
| 61. The Vision of the Two Peoples is in oratio directa in A. | in oratio obliqua in H. |
| 62. Joseph's greeting to Bethlehem. | differs somewhat in H. |
| 63. The description of the stable in A is put into Joseph's mouth. | not so in H. |
| 64. Symeon stops the beast and makes Mary dismount. | not in H. |
| Light shines in the cave when Mary enters it (Ps.-M.). | not in H. |
| | In H Hec autem dixit dissimulando Joseph, not in A. |
| 68. The maidservant tells Joseph of the youth who summoned her mistress in A. | in H the mistress herself tells Joseph, at a later point. |
| 69. Mary, smiling, is cautioned by Joseph (Ps.-M. xiii. 3). | not in H. |
| 70. 'about cockcrow' omitted in A. | H has it. |
| Symeon inquires about the 'puella' A. | domina H. |
| He asks 'can she live' A. | not in H. |

| | | |
|---|---|---|
| 75. | Symeon's speech to the midwife 'O beata' interrupts her story. She then says she has greater wonders to tell, and speaks of the Virginity *post partum*. | H puts the whole of the midwife's speech together, and makes Symeon's follow it. |
| | She continues 'I went out. Joseph wrapped up the child.' | H. After Symeon's speech 'she gave the child to Joseph' etc. |
| 79. | Salome's address to the Child. | longer in H. |
| | 'Many believed at her preaching' (Ps.-M. xiii. 5). | not in H. |
| 80. | A Voice from heaven warns Salome not to speak (= Protev. xx. 4). | H. Zelam warns Salome. |
| 82. | | H specifies three shepherds. |
| | Joseph's first talk with the shepherds. | not in H. |
| 83. | They describe their pastimes as they watched. | not in H. |
| | The words 'natus est nobis' are not in A. | H has them. |
| 84. | for 'nos autem adorabimus archanum eius,' A. | H has only 'quem cum adoraremus.' |
| 85. | A omits honey. | H Butter and honey (sent by the shepherds). |
| | A has clauses of Ps.-M. xiii. 6. | not in H. |
| 86. | A has the matter of Ps.-M. xv. 1. | not in H. |
| 88*a*. | After 'Nam et stella—omnes gentes' A has the matter of Ps.-M. xvi. 1 and 2 to 'gaudio magno.' | not in H. |
| 89. | The questioning of the Magi by Joseph before they make answer. | H shortens this. |
| 91. | A adds a clause describing Herod's diadem as having a mitra alba. | not in H. |
| 92. | In A Symeon has more to say. Joseph repeatedly tells him to watch the Magi. | H shortens. |
| 93. | In A Joseph says to the Magi 'suspicor quoniam filius meus est.' | not in H. |
| | The descriptions of the Star differ in A and H. | |

| | |
|---|---|
| 94. 'All stars are words of God.' | not in H. |
| The massacre of the Innocents. | H more diffuse than A. |
| 98. Escape of Elizabeth. | shorter in H. |
| Death of Zacharias. | longer in H. |
| 101. A continues with the election of Symeon (Protev. xxiv. 4) and with the matter of Ps.-M. xv. 2, 3 (Symeon and Anna). | not in H. |
| 102. Manner of life of John Baptist. | not in H. |

# LATIN INFANCY GOSPELS

1 *a* [Letter of Chromatius and Heliodorus to Jerome and Jerome's answer. See Tischendorf *EVV. Apocr.* pp. 51–53].

1 Fuit quidam vir in terra Ierusalem nomine Ioachim de tribu Iuda de genere Dauid locuples valde. erat hic pastor ouium suarum timens dominum in simplicitate sua. nulla autem cura erat illi nisi gregum suorum fructum alere, timens deum. et offerebat munera sua duplicia in timore dei et doctrina, dicens intra semetipsum Quod habundat mihi erit dandum in terra omni plebi. Et quod amplius et optimum in principio habundancie mee erit in oblacionem domino Imprimis ut propicius sit mihi dominus.

2 Tresque partes faciebat de omnibus. unam partem dabat viduis et orphanis et peregrinis atque pauperibus. aliam partem timentibus deum. Terciam vero partem sibi et omni domui sue.

Hec autem illi facienti multiplicauit deus greges eius atque substanciam siue in agnis siue in edis siue in lanis atque in omnibus suis rebus, ita ut non esset ⟨ei⟩ similis in populo Israel.

Hoc eo inchoante facere a quintodecimo etatis sue anno, cum esset annorum · xx · accepit uxorem Annam filiam Ysachar de tribu Iuda. cum qua moratus annis · xx · filios non accepit.

3 Approximabat autem dies domini magnus pasche, et offerebant filii Israel unusquisque munera sua. Ioachim autem parante munera sua in conspectu domini accessit ad eum scriba templi nomine Ruben dicens ei Non licet tibi offerre munera tua inter sacrificia dei, quoniam te non benedixit deus ut daret tibi semen in Israel.

1 Ps M. i (Prot. i). 2 Ps M. i. 3 Ps M. ii.

1 *a* Ego Iacobus filius Ioseph fabri qui presens fui et uidi hec omnia hanc hystoriam scripsi gratias agens deo qui mihi dedit sapientiam et intellectum in hystoria tribuum · xii · filiorum Israel. [*Lectio prima*

1 Erat quidam vir in terra Israel nomine Ioachim de tribu Iuda ex genere Dauid locuples ualde. Et erat pastor ouium timens deum in simplicitate cordis, nullaque ei erat alia cura nisi gregum suorum, de quorum fructu duplicia munera offerebat in domo domini, dicens in corde suo Quod superhabundat mihi erit dandum omni plebi, et quicquid est amplius et optimum in principio habundancie mee erit in oblacionem domini dei mei.

2 Tresque partes faciebat de omnibus. Unam partem dabat uiduis et orphanis, peregrinis atque pauperibus, alteram uero deum timentibus et in templo domini die ac nocte deseruientibus, terciam quoque partem ad supplementum uite presentis in proprios usus sibimet sueque familie reseruauit.

Hec itaque illo agente multiplicauit deus greges illius et possessiones ita ut non esset ei similis uir in populo Israel.

Eratque id agens perseueranter a xv^o^ etatis sue anno. Cum autem esset (Ioachim *added*) annorum xx^ti^ accepit uxorem nomine Annam filiam Ysachar ex tribu sua · i · de tribu Iuda et ex genere Dauid. Cum qua habitavit annos xx^ti^ et ex ea filios non accepit.

Unde et uotum fecerunt si forte prolem illis deus donaret, hanc se domini seruicio tradituros. Huius rei gratia per omnem annum singulis festis templum domini frequentabant cum precibus et muneribus.

3 Aproximauit autem dies festus encenniorum, et pergentes filii Israel ex omnibus gentibus tribubusque in Ierusalem offerebant singuli munera sua in templo domini. Inter quos eciam Ioachim assistens preparauit munera sua offerre in conspectu domini. Sed accessit ad eum scriba templi nomine

1 *a* Prot. xxv. (Cf. Tisch. *Evv. Apocr.* p. 54 note.) 1 Ps M. i.
2 Ps M. i. Unde et—muneribus, Nat. Mar. i. 3. 3 Ps M. ii., Nat. Mar. ii.

4 Et contristatus valde Ioachim passusque uerecundiam in conspectu populi abcessit de templo flens, et non est reuersus in domum suam. Rememoratus autem patriarche Abrahe, quod in senectute sua dedit illi deus filium Ysaac, amplius non apparuit uxori sue, sed contulit se in secreto cum gregibus suis et fixit tabernaculum suum inter montes per longa spacia quinque mensibus dicens
Non descendam hinc neque ad cibum neque ad potum donec uisitet me dominus deus meus. Et erit mihi oracio mea esca et lacrime mee potus.

5 Uxor eius Anna dum lamentaretur lugebat dicens Lugeam viduitatem meam, lugeam et sterilitatem meam quod sum sine filiis. Et dum fleret in oracione sua diceretque Domine deus iam quod filios non dedisti mihi, addidit eciam Virum meum ut quid tulisti a me? ecce enim iam quinque menses fluxerunt quod virum non video. et nescio ubi eum queram. quod si eum scirem mortuum sepulturam eius agerem.

6 Et dum nimis plorasset descendit in viridario domus sue. Et dum ambularet eleuans oculos ad celum deprecabatur dominum dicens Domine deus patrum meorum exaudi oracionem meam et benedic me sicut benedixisti vvlvam Sarre et dedisti ei filium Ysaac. ita respice ancillam tuam. Et cum hec diceret, in celum intendens vidit nidum passerum in

4 Ps M. ii. Rememoratus—Ysaac, Prot. i. 3, Non descendam—potus, Prot. i. 4.

5 Uxor—filiis, Prot. ii. 1. Et dum—agerem, Ps M. ii. 2.

6 Et dum—dominum dicens, Ps M. ii. 2 (Prot. ii. 4). Domine deus—Ysaac, Prot. ii. 4. Et cum hec—glorificat, domine, Prot. iii. Cum hec—prefeceris, *not found.*

Ruben, et interrogauit cur inter fecundos ipse infecundus astare presumpserit, dixitque ad eum Non licet tibi offerre munera uel sacrificia in templo domini, quoniam non suscitasti semen in Israel, dicente scriptura Maledictus omnis qui non genuerit masculum in Israel.

4 Ex cuius obprobrii obiectu maximam uerecundiam passus Ioachim in conspectu omnis populi nimio pudore suffusus, valdeque contristatus descendit de templo domini. Et non est reuersus in domum suam nec amplius apparuit uxori sue sed sesessit in desertum et contulit se ad pastores qui cum pecoribus suis in pascuis erant. ibique inter montes fixit tabernaculum suum in longincum tempus, scilicet per v^e^ menses.

Neque enim uoluit domum repedare, ne forte a contribulibus suis qui simul aderant et hoc a sacerdote audierant eodem obprobrii elogio notaretur. Dixitque Ioachim in semetipso. Non descendam hinc neque ad manducandum neque ad bibendum donec uisitet me dominus deus meus, sed erit mihi oratio mea in escam et lacrime mee in potum. Recordatusque est Abrahe patriarche, quomodo in ultima senectute sua dedit illi dominus filium nomine Ysaac.

5 Anna uero uxor illius demorata domo duas simul lamentaciones plangebat dicens Lugeam uiduitatem meam, deinde sterilitatem meam quia sine filiis sum. cumque fleret per singulos dies, in oratione ista dicebat. Domine deus meus, quia filios non dedisti mihi, uirum meum quare mihi abstulisti? Ecce iam nunc fluxerunt · v^e^ · menses quo uirum meum non uidi, et ubi eum queram ignoro, uel si iam mortuus est, utique sepulturam eius curarem.

6 Et dum nimis amare eiularet, die quadam de⟨s⟩cendit in uiridarium domus sue deambulare eleuansque oculos suos ad celum deprecabatur dominum dicens Domine deus patrum meorum, benedico te per secula: dignare me miseram famulam misericordia salutari uisitare sicut uisitasti matrem generis nostri Saram dedistique ei filium, et sicut exaudisti precem ipsius, ita exaudi me et respice in ancillam tuam.

4 Ex cuius—suffusus, Nat. Mar. ii., Ps. M. ii. Neque enim—notaretur, Nat. Mar. ii. Non descendam—potum, Prot. i. 3. Recordatus—Ysaac, Prot. i. 4.

5 Anna—sum, Prot. ii. 1. cumque—curarem, Ps M. ii. 2.

6 as A to benedicunt.

arbore lauri. et ut vidit aspectum (? affectum) matris eorum repleta lacrimis vehementer ingemuit. Et exclamans ad dominum dixit Heu me domine que mater me genuit? vel quis venter me portauit? Quoniam ecce mereo quod in malediccione⟨m⟩ nata sum et improperium filiis Israel. Et spreuerunt me et abiecerunt de templo domini dei mei.

Heu me, cui assimilata sum ego? Non potui assimilari auibus celi. Quoniam et volatilia celi natos habent et in conspectu tuo semper suis vocibus te benedicunt.

Heu me, cui assimilata sum ego? Bestiis terre? sed et ille multiplicantur et sunt ante faciem tuam et te domine benedicunt.

Heu me, cui similis facta sum? Aquis maris vel terre fluminibus? Nam et aque omnes habent fructum in se et multiplicantur ante conspectum tuum et fetus earum te domine benedicunt.

Heu me, cui similata sum ego? Huic terre? Nam et terra profert germen suum, arbores fructiferas temporibus suis succedentes et exultantes ante conspectum tuum et terra te glorificat, Domine.

Cum hec ita cuncta in sapiencia tua feceris, recordare tandem quot ad condendam et reformandam humani generis massam patribus ab inicio benedixeris. hiis et omnibus prefeceris.

7 Et iterum emisit vocem cum fletu et dixit. Domine deus omnipotens qui omni creature tue donasti fetum et bestiis et iumentis et repentibus et piscibus et volucribus, omnes enim super filiis gaudent, me autem solam a benignitatis tue donis excludis. Sed tibi domine omnia possibilia sunt. Hoc enim te attenet ut mihi propicius sis. Tu domine nosti quod ab inicio coniunctionis mee hoc voui ut si mihi dedisses filium aut filiam obtulissem eum tibi in templo sancto tuo.

7 Ps M. ii. 2.

Cum intente hec ita oraret respiciens in celum uidit nidum passerum super arborem laureum. Et hoc conspiciens intuita est affectum matris eorum, et completa lacrimis ingemuit uehementer, clamauitque ad dominum corde forti et dixit Heu mihi domine, que me mater genuit, uel qui uenter me portauit? quoniam ecce in malediccione nimia sum opprobrium filiis Israel, et diffamauerunt me et abiecerunt de templo domini dei mei.

Heu mihi, cui asimulata sum? Auibus celi asimulari non potero, quoniam pullos habent et cum delectacione nutriunt et in conspectu tuo semper sunt, suisque cantibus te benedicunt.

Heu mihi, cui asimulata sum? Bestiis terre comparari non possum, quoniam hee per genus suum multiplicantur et crescunt et sunt semper ante faciem tuam et te domine benedicunt.

Heu mihi, cui assimulata sum? Non sum similis aquis maris siue fluminum, quia generantur ex sese pisces.

Neque enim terre possum assimulari que profert ex se arbores fructiferas temporibus suis succedentes et exultantes in conspectu tuo. Et de donis tuis omnia opera tua te creatorem leta benedicunt.

7 Hec cum dixisset, iterum emisit uocem cum gemitu, dixitque ad dominum Domine deus creator omnipotens qui omni creature fetus donasti, cur me solam excludis miseram a benignitatis donis?

set tibi domine omnia possibilia sunt. tantum mihi esto propicius. Tu domine nosti ab inicio coniugii mei hoc me uelle, hoc solum optasse, ut si dedisses mihi filium aut filiam obtulissem eum tibi in templum sanctum tuum.

7 as A.

8 et dum hec diceret, subito ante faciem eius apparuit angelus domini dicens ei Anna noli timere, exaudiuit dominus oraciones tuas et annuit peticioni tue, quoniam in consilio dei est germen tuum, et quod ex te natum fuerit dabitur in admiracionem omnibus seculis, et diffamabitur semen tuum in universa terra usque in finem. Et cum hec diceret ab oculis eius elapsus est.

9 Illa autem ṿẹṇịẹṇs (*marg.* timens) eo quod vidisset talem virtutem ingressa cubiculum suum iactauit se in lectulum suum quasi mortua. Nimio autem pauore perterrita tota die ac nocte cum timore in oracione permansit. Post hec vocauit ad se Iuthim famulam suam et dicit ei Vidisti me viduam habentem animam in angustia summa. tu nec ingredi ad me voluisti. Tunc illa in murmure conuersa respondit et ait. Si conclusit deus uterum tuum et virum tuum a te abstulit, ego tibi quid sum factura? Hec audiens Anna amplius flebat.

10 In ipso autem tempore apparuit quidam iuuenis inter montes ubi Ioachim pascebat greges suas, et dicit ei Quare non reuerteris ad uxorem tuam? Et respondit Ioachim Per viginti annos habui eam; nunc autem quia noluit deus dare mihi ex ea filios, cum verecundia exiui de templo dei. Ut quid reuertar ad eam? semel eiectus sum, iam hic ero cum ouibus meis quamdiu me voluerit deus viuere. Per manus autem puerorum meorum pauperibus et uiduis et orphanis et colentibus deum partes suas restituam. Respondit ei iuuenis ille dicens. Angelus dei sum ego qui apparui hodie flenti et oranti uxori tue et consolatus sum eam. quapropter scias ex semine tuo concepisse eam filiam. Hec erit templum dei, et spiritus sanctus requiescet in ea, et erit beatitudo eius super omnes feminas sanctas, et talis ac tanta erit qualis non fuit ante eam ulla. Sed et post eam non erit similis ei, ita ut nullus dicat quod fuit talis aliquando ante eam.

8 Ps M. ii. 3. 9 Ps M. ii. 3, 4. 10 Ps M. iii.

8 cumque hec Anna dixisset, subito ante oculos eius apparuit angelus domini et confortauit eam: locutusque est ad eam dicens Anna, noli flere, sed magis oportet letari et gaudere, quoniam exaudiuit dominus orationem tuam et respexit lacrimas tuas quas fundebas in conspectu domini dei tui. annuit enim dominus deus peticioni tue, quoniam in conspectu dei erit germen tuum, et quod ex te natum fuerit erit in admiracionem omnibus seculis, et semen tuum diffamabitur in uniuersam terram. Cum hec dixisset angelus domini, ab oculis eius sublatus est.

9 At illa tremefacta quod uidisset talem uirtutem ingressa in cubiculum suum iactauit se super lectum tanquam mortua, nimio pauore perterrita, et per totum diem atque noctem cum timore dei in oratione permansit. Post hec uocauit Iuthin famulam suam et dixit ad eam Nonne uides me animam habere in angustiis, et cur noluisti ad me intrare? Tunc illa in murmur conuersa respondit Si conclusit dominus uterum tuum et uirum tuum abstulit a te, ego quid factura sum? Hoc audiens Anna amplius flebat, sed tamen spem suam in domini dei sui misericordia collocauit.

10 Eodem autem tempore apparuit quidam iuuenis Ioachim ubi ipse cum pastoribus suis inter montes positus greges suos pascebat. Cum autem quadam die solus esset (Ioachim *added*) astitit ei iuuenis ille dixitque ad eum Quid hic moraris et ut quid ad uxorem tuam reuerti non uis? Respondit ei Ioachim Ecce iam xx[ti] annos uixi cum eà, cuius uterum deus claudens liberos ex ea mihi dare noluit, unde inproperium maximum coram omni populo et a sacerdotibus passus cum dolore et uerecundia exiui de templo domini, et ecce nunc morabor hic cum gregibus meis quamdiu uoluerit deus me presentem ducere uitam. Per manus autem puerorum meorum pauperibus uiduis et orphanis ac deum timentibus partes suas restituam. ut quid autem reuertar in domum meam qui de domo domini mei cum obprobrio indignus eiectus sum? Cum hec dixisset Ioachim respondit ei iuuenis ille dicens Noli timere Ioachim neque in uisione mea turberis. ego enim sum angelus domini qui asto iugiter ante maiestatem dei, quique

8, 9, 10 as A. (Noli—turberis, Nat. Mar. iii.)

11 Descende ergo de montibus et reuertere ad coniugem tuam, et inuenies eam in utero habentem

Excitauit enim deus semen in illa et fecit eam matrem benediccionis eterne.

11 Ps M. ii. 2.

preces et elemosinas uestras obtuli in conspectu domini. Et nunc missus sum ab ipso ad te nuntiare tibi preces tuas et elemosinas acceptas esse a domino deo tuo, quique apparui hodie flenti et oranti Anne uxori tue et consolatus sum eam quam scias parituram tibi filiam que Maria uocata super omnes feminas erit a domino benedicta. Hec autem erit templum dei uiui, et spiritus sanctus requiescet in ea. cuius beatitudo erit super omnes feminas sanctas, ita ut omnes dicant quia nunquam talis fuit antea, sed nec postea similis erit ei in secula.

10*a* Et ut uouistis ab infancia erit domino consecrata. Et tribus ablactacionis sue annis tantum manebit in domo tua. deinde a uobis in templum domini presentata cum oblacione et holocausto die ac nocte deo deseruiet in orationibus et ieiuniis cum castitate mentis et corporis, neque de templo usque ad intelligibiles annos nunquam discedet, ne quid de ea sinistrum saltim suspicari debeat. Uirum nunquam co⟨g⟩-noscet, omne inmundum neque manducabit neque bibet, neque inter populares conuersacionem habebit, sed sola sine exemplo, sine corruptela, sine macula, sine uirili commixtione procedente etate, sicut ipsa mirabiliter ex sterili matre nascetur, ita incomparabiliter et ineffabiliter uirgo generabit altissimi filium qui Ihesus uocabitur et secundum nomen suum saluator erit omnium gentium et tocius mundi. Et hoc tibi signum erit omnium que annuncio. 11 Itaque descendens ex his montibus reuertere in Ierusalem, et cum ueneris ad auream portam, que pro eo quod deaurata est ita uocatur, ibi pro signo obuiam habebis Annam uxorem tuam, que de tue abscessionis mora ac longa absentia hactenus existens mestissima, tunc de tua regressionis uisione erit letissima. [*Lectio* III[a]
Cum hec ergo ita euenerint, scito quod ea que tibi predico sine dubio complenda erunt. unde gratias agens domino deo tuo simul cum coniuge tua descendens reuertere in domum tuam, in qua sanctificabit deus semen tuum, et faciet eam matrem benediccionis eterne.

10*a* Nat. Mar. iii, in part.
11 Nat. Mar. iii. 4, IV. Ps M. ii. 2.

12 Et Ioachim adorauit et dixit Benedictus dominus deus qui non dereliquit seruos suos sed tuetur omnem famulum suum in angustiis et pressuris, et proteget sperantes in eum.

Et gaudio plenus dixit ad angelum Si inueni graciam coram te, ingredere modicum in tabernaculo et sedens benedic seruum tuum. Cui angelus Noli dicere seruum, sed conseruum, unius enim domini ambo sumus serui. Cibum autem quem ortaris non accipio. Nam cibus meus et potus invisibilis est, qui ab nullo in omnibus mortalibus videri potest. Ergo nolo hoc. non roges ut intrem in tabernaculo tuo. sed quod mihi eras daturus offer holocaustum domino. Tunc Joachim tollens agnum inmaculatum dixit ad angelum. Hoc ego non presumerem nisi tua iussio daret michi pontificium offerendi. Dicit ei angelus Nec ego te ad offerendum hortarer nisi voluntatem uel in hoc domini cognouissem. Factum est autem, ut domino offerret sacrificium, angelus simul cum odore suauissimo sacrificii quasi in fumo conuersus perrexit ad celos.
13 Tunc Ioachim cecidit in faciem suam et iacuit ab hora diei sexta usque ad vesperum. Venientes vero pueri et mercennarii et nescientes quid cause contigisset expauerunt. putabant enim quod ipse se vellet interficere. vix autem leuauerunt eum. Quibus cum narrasset quod viderat stupore nimio et admiracione impulsi hortabantur eum ut sine mora iussioni angeli obediret atque velociter ad suam coniugem remearet.

Cumque initans (nutans) cogitaret Ioachim ut reuerteretur et animo suo discuteret hoc, contigit ut sopore teneretur. et ecce vir qui ei apparuerat vigilanti apparuit in sompno dicens Ego sum angelus qui tibi datus sum a deo custos. Descende securus et reuertere ad Annam, quia misericordie quas fecistis tu et uxor tua in conspectu altissimi recitate sunt. et tale uobis datum est germen quale nunquam ab inicio neque prophete neque iusti habuerunt. Cumque vigilaret vocauit omnes gregarios suos et indicauit eis sompnium suum. At illi

12 Ps M. iii. 3. 13 Ps M. iii. 4.

12 His auditis adorauit Ioachim pronus in terram et dixit Benedictus dominus deus Israel, et benedictum nomen maiestatis domini qui propter suam propriam misericordiam numquam derelinquet seruos suos sperantes in se, sed tuetur famulos suos et educit eos ex omnibus angustiis et erumpnis et protegit semper omnes qui confidunt in eum.

Et hec dicens fleuit pro gaudio dixitque ad angelum Si inueni gratiam coram te domino meo, diuertens requiesce modicum in tabernaculo meo et benedic me seruum tuum non renuens accipere cibum et ministerium de manibus serui tui. Tunc respondit ei angelus domini Noli ad me dicere, o bone uir, seruum tuum, sed conseruum tuum, quia simul unius domini serui sumus. Cibus enim meus inuisibilis est et potu qui ab hominibus uideri non potest ego utor, et ideo non debes me ad ista inuitare.

His dictis angelus discessit in celum.

13 Igitur Ioachim letus de angelica uisitatione effectus, et certus de diuinitatis dispensacione, secundum angelicum mandatum de loco quo erat se promouens Ierosolimam proficiscitur.

12 as A. 13 Nat. Mar. v.

adorauerunt dominum et dixerunt ei Vide ne iam contempnas angelum dei. sed surge et proficiscamur, et lento gradu pascentes eamus.

13*a* Vocans itaque Ioachim pastores suos dicit eis Adducite mihi decem agnos inmaculatos quos offeram deo. Iterum vocans pastores boum dixit Adducite michi duodecim vitulos saginatos habentes aluos inmaculatos. Hii erunt sacerdotum domini et seruorum qui seruiunt domino. Vocauit et pastores caprarum dicens eis Adducite eciam michi uos centum hedos caprarum. Hii erunt in epulacionem omni populo. Vocans autem ad se principem pastorum dicit ei Adduc michi eciam ducem ouium meorum inmaculatum in quo positus est caracter, id est signum. Hic erit antistes gregum meorum et dux precedencium ouium in itinere. Et vitulum primitiuum singularem inmaculatum. Hic erit in oblacionem deo altissimo. Adduxeruntque pastores permixtos greges. et ecce aries inter mixtos erat greges dux omnium gregum, simulque et pastores sequentes eos.

14 Cumque per dies triginta ambulassent Apparuit Anne instanti oracioni angelus domini dicens Anna vade ad portam que vocatur aurea et occurre uiro tuo, quia ecce venit ad te cum gregibus suis hodie Tunc Anna precessit festinanter cum puellis suis, et cepit stans in ipsa porta orare et flere diucius expectans. Eleuans autem oculos cum iam longa expectacione deficeret vidit Ioachim venientem cum pecoribus suis, et currens suspendit se collo eius et agens gracias domino osculata est eum cum lacrimis dicens Nunc scio et certa sum quoniam dominus benedixit me et abstulit a me inproperium hominum. Ecce enim que eram vidua et iam non sum vidua. Que eram sterilis ecce concepi. Et Ioachim dicit altissimo gracias. Factum est magnum gaudium omnibus notis et affinibus eorum, ita ut uniuersa terra Israel de ista fama gratularetur.

15 Intrauit ergo Ioachim in domum suam et requieuit primo die. Postera autem die sumens munera sua processit ad templum domini dicens intra se Si mihi propicius est dominus ostendet sacerdoti dabitque dominus signum et notum faciet

13*a* Cf. Prot. iv. 3. 14 Ps M. iii. 5. 15 Prot. v. 1.

14 Cumque ad locum angelico oraculo sibi demonstratum perueniret, ibi sibi obuiantem Annam uxorem suam similiter angelico alloquio confortatam inuenit.

Tunc de mutua uisione sua exhilarati et promisse sobolis beata felicitate certi, debitas domino deo humilium exaltatori hostias et munera in domo domini persoluentes communi leticia omnipotentis dei clementiam glorificabant.

15 Itaque oblato sacrificio et adorato domino in conspectu omnis populi Israel discesserunt de templo domini, regressique in propria domicilio diuinum promissum certi et securi expectabant.

14 Nat. Mar. v. 15 Nat. Mar. v. 2.

mihi. Optulit ergo munera sua et intendebat in ore sacerdotis. Ascenduntque ad altare dei et non inuenit sacerdos in eo peccatum. Et Ioachim dixit Nunc scio quoniam dominus deus meus propicius est mihi et indulsit mihi omne peccatum meum. Descenditque iustificatus de templo domini in domum suam.

16 Cum autem consummati essent menses novem concepcionis Anne peperit filiam transactisque septem diebus lauit partus sui †sollempnitatem† et optulit infanti ubertatem lactis et inuitauit omnem plebem sacerdotum et omnes seruientes altario domini omnesque maiores natu Israel ad nominalia puelle in domo sua. Ioachim autem deprecatus est altissimum dicens Domine deus patrum nostrorum qui abstulisti a me inproperium hominum qui assistis despectis et exaudis mugitum peccatoris, tu da nomen puelle in ista die. Et accesserunt omnes ad epulas. Et subito epulantibus illis audita est vox de celo dicens Ioachim, Ioachim, Maria significatum est nomen puelle huius a domino deo altissimo. Et obstupuit omnis turba que aderat et una voce responderunt omnes Amen. et expleta sollempnitate discesserunt cum gaudio gracias agentes deo.

16*a* Puella autem ampliabatur. Cum autem facta esset mensium sex posuit eam mater eius super terram ut videret si forte posset stare. Et stetit et processit passus vii et venit in sinu matris sue. Tunc rapuit eam Anna a terra dicens Viuit dominus deus meus quod non ambulabis in terra donec perducam te in templum domini. Et fecit sanctificacionem Anna in domum suam, commune autem omne et omnem execracionem prohibuit transire per eam. Vocauit ad se filias Hebreorum inmaculatas et aduocabat eam.

16*b* Factus est vero primus annus infanti. et fecit natale eius Ioachim et mater eius magnifice, inuitaueruntque iterum in die illa omnes principes sacerdotum et scribas et seniores plebis. et obtulit Ioachim puellam sacerdotibus et benedixerunt eam dicentes Deus patrum nostrorum benedic puellam istam

16 Not found (transactis—lactis, cf. Prot. v. fin.).

16*a* Prot. vi. 1. 16*b* Prot. vi. 2, 3.

16 Completo autem tempore concepit Anna et peperit filiam. quam postquam enixa est et accepisset ab obstetrice feminam se peperis⟨s⟩e gratias egit dicens Gratias ago domino deo omnipotenti qui abstulit ab humili ancilla sua ignominiam et obprobrium hominum. Peractis uero aliquot diebus, cum secundum quod in lege domini scriptum est a parentibus in templum domini legalibus hostiis oblata, cum a sacerdotibus susciperetur benedixerunt eam ⟨coram⟩ domino atque dixerunt Deus Abraham, deus Ysaac et deus Iacob, deus patrum nostrorum, benedic istam infantulam et apta ei nomen ex diuina uirtute tua. Hec itaque illis dicentibus audita est uox ab omnibus de sublimi dicens Maria est nomen eius et honorificabitur ab altissimo deo. Expletis ergo omnibus secundum legem, reuersi sunt cum infantula in domum ⟨et⟩ iuxta angelicum preceptum et diuinum oraculum uocauerunt nomen eius Mariam.

16 Not found (accepisset—peperisse, cf. Prot. v. 2). Peractis—uirtute tua, Prot. vi. 2. iuxta—Mariam, Nat. Mar. v. fin.

quemadmodum dedisti ei nomen nominandum in eternum. Benedic eam nouissima atque suprema benediccione que non precessit successoremque non est habitura per uniuersas naciones. Et responderunt omnes Amen.

Et suscepit illam mater eius et optulit ei mamillam suam, et tenens illam fecit canticum hoc domino dicens.

Cantabo nunc canticum sanctum domino deo meo quod visitabit me et abstulit a me improperium omnium inimicorum meorum. quoniam dedit mihi dominus singularem unitatem substancie mee nimis locupletem ante conspectum suum.

Quis nunciauit Ruben et filiis Israel quod lactat Anna! audite, audite, xii tribus ⟨et⟩ uniuerse terre miramini et laudate dominum deum quod misertus est mei et visitauit me et peperi et lacto natam mihi, et lac meum habundat, et sum mater que eram sine filiis.

Hec mihi nata filia in milia milium consummauit numerum.

Posuitque eam in sanctuario domus sue et exultans in domino processit foris et gloriosa ministrabat sacerdotibus et omni plebi. consummata autem cena gracias agentes deo Israel discesserunt uniuersi in domicilia sua. Sacerdotes vero et omnes metuentes deum abierunt in templum domini dei.

17 Puelle autem etas augebatur per menses. et conualescebat.

18 Facta autem bima dixit Ioachim ad Annam. Ponamus puellam istam in templo domini et reddamus votum nostrum quod promisimus domino. ne forte mittat ad nos dominus et non erit acceptabile munus nostrum. Dicit ei Anna. Sustineamus adhuc unum annum ut sit trima, et tunc ponamus eam in templo domini, ne requirat patrem aut matrem. Iste enim mos tunc erat filiorum Israel. Sed occasione accepta Iudei contra saluatorem sicut cuncta que eius mysterio seruiebant ita et hoc deprehendentes non sine opere curauerunt.

Dixit autem Ioachim Anne. Amen sic fiat. Et factus est tercius annus infantis et perlactauit Anna filiam suam Mariam.

17 Prot. vii. 1. 18 Prot. vii. (Iste—curauerunt, not found elsewhere.)

17 Crescebat autem et conualescebat et proficiebat etate et pulcritudine et augebantur illi menses et tempora, et erat puella in oculis omnium delectabilis et gratiosa.
18 Cumque trium annorum circulus uolueretur et ablactacionis illius impletum esset tempus, dixit ad Annam matrem eius Ioachim Ecce iam transcursi sunt trium annorum curriculi. tempus est ut adducamus puellam istam et ponatur in templo domini ut ibi cum reliquis in choro uirginum ante faciem domini educetur, ut soluamus uotum nostrum quod domino deo nostro super illa promisimus, ne forte si tardemus minus acceptum sit munus nostrum.

Respondit Anna et dixit Bene sic erit.

17 Prot. vii., in part.
18 Cumque—tempus, Nat. Mar. vi: the rest, Prot. vii, in part.

Dixitque Ioachim. Vocemus filias Hebreorum immaculatas, et accipiant singule singulas faculas lucentes, et luceant ante puellam ut intendat in lumen facularum ne se conuertat retrorsum et infirmetur animus eius in templo domini.
19 Et fecerunt sic. et abiit simul Ioachim et Anna uxor eius ad templum domini et offerentes hostias domino tradiderunt infantulam suam Mariam.

20 quam suscipiens sacerdos de manibus matris osculatus est eam Benedixitque eam dicens Benedicat te dominus deus et magnificauit nomen tuum in uniuersis nacionibus. In nouissimis autem diebus notum faciet super te salutare suum filiis Israel. Et posuit eam super tercium gradum altaris domini.

21 Inmisitque dominus graciam suam in illam ita ut quindecim gradus templi sursum ascenderet et penitus post se non respiceret neque ut solent infantes parentes requireret. In quo facto omnes stupor tenebat, ita ut pontifices templi mirarentur.

22 Tunc Anna repleta spiritu sancto in conspectu omnium dixit Dominus deus exercituum memoratus est verbi sancti sui et visitauit populum suum visitacione sancta sua ut gentes

19 Ps. M. iv. (Prot. vii). 20 Prot. vii. 21 Ps. M. iv. 22 Ps. M. v.

sed uocemus filias Hebreorum inmaculatas et uirgines, et accipiant singule faculas ardentes et luceant ante faciem puelle ut intenta in lumina facularum non se conuertat retrorsum, ne quando infirmetur anima eius in templo domini.

19 Feceruntque ita Ioachim et Anna. et abeuntes ad templum domini cum oblacionibus puellam adduxerunt. sed quia templum erat in monte constitutum et altare holocausti quod foris templum erat nisi gradibus adiri ⟨non⟩ ualebat, erant in circuitu templi secundum xv[cim] gradium psalmos · xv · ascensionis gradus. In horum itaque imo uirginem constituerunt dum ipsi uestimenta que in itinere habebant exuerunt, et culcioribus ex more et mundioribus se uestimentis induerunt. Sacerdotes ⟨autem⟩ domini aduenientes cum honore salutauerunt eos, quibus commendauerunt se et infantulam suam Mariam.

20 Suscepit itaque summus sacerdos Mariam de manibus matris eius et osculatus est eam, benedixitque ei coram domino dicens Benedicat te dominus deus ex Syon qui fecit celum et terram, et uideas bona domini que sunt in Ierusalem, et magnificabit nomen tuum in uniuersis nationibus que sunt in mundo, sed in nouissimis diebus notum faciet per te salutare suum filiis Israel. Tunc sacerdos deposuit uirginem super gradum tercium altaris domini, 21 misitque dominus deus gratiam in ancillam suam, que omnibus simul mirantibus et intuentibus cunctos per ordinem · xv · gradus templi sine ducentis et alleuantis manu absque ulla offensione ita ueloci cursu ascendit ut perfecte etati in hac dumtaxat causa neque (nequid) deesse uideretur, cum penitus infantula non respiceret neque ut infantulis solitum est parentes requireret. In quo facto omnes qui adera⟨n⟩t ingens stupor tenebat, et etiam templi pontifices uehementer mirabantur. Iam quippe dominus in uirginis sue infantia magnum quid operabatur, et quanta futura esset huius miraculi indicio hominibus uoluit premonstrare.

22 Tunc Anna repleta spiritu sancto coram omni multitudine uoce clara dixit Dominus deus exercituum, fortis regnator

19 Nat. Mar. vi., in part. 20 Prot. vii.
21 Ps. M. iv. Iam—premonstrare, Nat. Mar. vi. 2. 22 Ps. M. v.

que insurgebant in nos humiliet, et conuertat ad se cor eorum Apperuit aures suas precibus nostris et exclusit a nobis insultaciones inimicorum nostrorum. Sterilis mulier facta est mater, et genuit exultacionem et leticiam in Israel. Ecce potero offerre munera domino et non poterunt mihi prohibere inimici mei. Dominus eius (enim) auertit eos a me et dedit mihi gaudium sempiternum.

23 Tunc tradiderunt Mariam in contubernium virginum que die noctuque in dei laudibus permanebant.

24

et erat in admiracionem quod cum esset trium annorum ita maturo gressu ambulabat, perfectissime loquebatur et in dei laudibus studebat ut non putaretur infantula esse sed magna, et oracionibus insistens erat quasi iam · xxx · annorum in templo domini et sicut columba meditabatur et accipiebat cibum de manu angeli Resplendebat vero subito facies eius ut vix potuisset in illius vvltum quisquam intendere. Insistebat enim lanificio ita ut que mulieres utique facere non poterant ipsa in tenera etate explicabat. Hanc autem regulam sibi ipsa statuerat ut a prima hora diei usque ad horam terciam leccioni et oracioni insisteret. a tercia vero usque ad nonam textrino se in opere occuparet A nona autem hora iterum ab oracione non recederet donec ei angelus domini apparuisset de cuius manu escam acciperet. Et melius atque melius in dei laudibus permanens ita ut in eius amore proficeret. Denique cum videret suas maiores virgines in dei laudibus

23 Ps. M. iv. init. 24 Ps. M. vi.

Israel memoratus est uerbi sancti sui quod habuit ad pueros (patres) nostros in [re]generaciones et progenies, et uisitauit populum suum Israel uisitatione sancta, ut gentes que insurgebant in nos humilientur, et conuertat ad se corda eorum. Aperuit aures suas precibus nostris. illuminauit uultum suum super seruos suos, et exclusit a nobis insultacionem inimicorum nostrorum. Sterilis facta est mater et genuit cum exultacione et leticia in Israel. Nunc offerre munera domino non possunt me prohibere inimici mei. Dominus autem auertit eos a me, et dedit mihi gaudium sempiternum.

23 Igitur sacrificio secundum consuetudinem legis celebrato et uoto suo perfecto tradiderunt uirginem in contubernium uirginum aliarum que ibidem intra septa templi educabantur, sicque letantes et gratias agentes domum regressi sunt.

24 Virgo autem domini in templo constituta die ac nocte dei laudes meditabatur et cum etatis processu omnium incremento uirtutum proficiebat. Et quia iuxta psalmistam pater et mater eius dereliquerunt eam, dominus quoque assumpsit eam. Cotidie enim ab angelis frequenta⟨ba⟩tur, cotidie diuina uisione fruebatur que eam et a malis omnibus custodiebat et bonis omnibus redundare faciebat.

Que cum · vii · esset annorum ita maturo gressu incedebat ut non iam infantula estimaretur esse sed magna et quasi iam · xx · esset annorum Sic erat intenta orationibus et dei laudibus et in tantum scrutacione legis et prophetarum scriptis sedula persistebat ut in stupore et admiracione omnibus tam senibus quam iuuenibus, tam pluribus quam omnibus legis doctoribus haberetur. Insistebat etiam lanificio operi, et omnia que mulieres prouecte etate non poterant facere ista adhuc in tenera etate posita satis idonee perficiebat. Erat autem in templo domini inter conso[s]cias uirgines sicut columba omnibus bonis moribus ornata. Nullus eam irascentem inuenit, maledicentem aliquis nunquam audiuit, sed erat animo paciens constans atque inmobilis. sermo uero ipsius. ita erat gratia dei plenus ut in ore eius semper deus agno-

23 Nat. Mar. vi. 3 (and Ps. M. iv).

24 Virgo...faciebat, Nat. Mar. vii., the rest, Ps. M. vi., with omission and change of order.

agère ducebatur zelo nimio bonitatis et agebat ut in vigiliis inueniretur propior (? promptior) in sapiencia legis dei erudicior. In humilitate deuocior. In carminibus Dauiticis elegancior. In caritate generosior. In puritate prior (purior). In omni virtute perfectior. Erat enim constans et inmobilis et que coctidie ad meliora transiret. Hanc irascentem nullus vidit. Maledicentem nullus unquam audiuit. Omnis autem sermo eius ita erat gracia plenus ut cognosceretur in eius lingua semper deus. In oracione et scrutacione legis dei permanens erat sollicita erga socias suas ne aliqua ex eis vel in uno quidem sermone peccaret, ne aliqua in risu exaltaret sonum suum, ne aliqua iniuriosa aut infrenis superbia circa pares suas existeret. Sine intermissione benedicebat deum. Et ne forte in sua salutacione a laudibus dei tolleretur, si quis eam tantum salutaret, illa pro salutacione Deo gracias respondebat. Denique ab ea primum exiit ut dum se salutant homines sancti deo gracias dicant. Esca eius que coctidie de manu angeli accipiebatur ipsa sola reficiebatur. Quod vero a pontificibus templi accipiebat pauperibus diuidebat. Frequenter vero uidebantur cum eo (ea) angeli loqui, et quasi carissime carissimi eius obtemperabant ei. Siquis autem ex infirmis ut saluus fieret tangeret eam, eadem hora reuertebatur ad eum salus.

25 Tunc munera exhibens unus ex pontificibus nomine Abiathar obtulit infinitam pecuniam pontificibus ut eam filio

25 Ps M. vii.

sceretur. Denique sine intermissione dominum benedicebat, et cum tribus pueris Babilonie fornacis omnes creaturas ad laudandum dominum inuitabat. Et ne forte alicuius salutacione uel ad tempus a dei laudibus impediretur, si quis eam salutaret, illa e contrario pro salutacionis responsione Deo gratias respondebat. Ab ipsa denique primum exiit hoc exemplum, ut cum se homines sancti mutuo salutant, primo benediccionem et deo gratiam dicant. Erat quoque in omni religione munda et inmaculata coram deo, ut cum uideret alias uirgines etate se multo maiores in dei laudibus occupatas, ipsa nimio zelo bonitatis duceretur, et agebat cum semetipsa ut in uigiliis diuinis inueniretur omnibus prior, in sapientia legis dei eruditior, in humilitate deuocior, in caritate dei et hominum gratiosior, in castitate mentis et corporis purior, et in omni genere uirtutum perfectior. Erat enim solicita circa consocias suas, ne aliqua ex eis uel in uno sermone peccaret, ne aliqua in risu uocem suam exaltaret, ne aliqua iniuriosa aut superba contra pare[nte]s uel maiores existeret. sed ipsa eis formam omnium bonorum morum semetipsam proponebat. Taliter ergo uitam et conuersacionem suam ab infantia disponens et semetipsam totam et corpus et animam irreprehensibiliter et sine querela non tantum coram deo sed et coram hominibus conseruans ante dominum simplex et recta coram uero hominibus irreprehensibilis, insuper et multum laudabilis digna habita est. Unde ut supra diximus diuina ordinacione ministerio angelico cotidie fruebatur, frequentissime ad eius custodiam angelus domini deputatus cum ea loqui uidebatur et ut familiarissimus minister in omnibus ei obtemperabat. Non nisi de manu angeli escam corporis cotidie accipiebat. facies uero eius diuino lumine ita resplendebat ut uix posset intendi in uultum eius. Cotidie uero esca quam de manu angeli accipiebat ipsa sola reficiebatur. escam autem quam ei pontifices templi ministrabant ad portam domus domini pauperibus erogabat. Si quis uero infirmitate aliqua possessus eam tetigisset sanitas continuo ad eum reuertebatur.

25 Cum autem hec ita se haberent circa uirginem, ecce sacerdos domini Abiathar optulit multam pecuniam pontificibus

25 Ps M. vii.

suo tradens uxorem acciperet. Prohibebat autem Maria hoc a se dicens Non potest fieri ut ego cognoscam virum aut vir cognoscat me. Dicebant autem pontifices et affines eius Deus in filiis colitur et in posteris adoratur, sicut semper fuit in populo dei Israel. Maria vero respondens dicebat eis Deus in castitate primo omnium probatur et adoratur. Nam ante Abel nullus fuit in hominibus iustus. et quod pro oblacione placuit deo inuidiam pertulit et ab illo cui displicuit inclementer occisus est. Duas tamen coronas accepit oblacionis et virginitatis, quod et per innocenciam vixit et in sua carne nullam admisit pollucionem. Denique et Helyas ideo assumptus est quod cum esset in corpore carnem suam virginem custodiuit. Hoc eciam in templo dei didici ab infancia mea quod satis deo cara possit esse virginitas. Et ideo statui in corde meo ut virum penitus non cognoscam.

**26** Factum est autem ut cum quartus decimus annus eam etatis susciperet consilium facerent sacerdotes occasione accepta dicentes Ecce Maria facta est annorum quatuordecim. Iam pre consuetudine muliebri in templo domini morari non potest. Quid ergo faciemus de ea ne forte maculet templum domini dei nostri? Et dixit Zacharias Domino erit cura de ea. Et dixerunt Zacharie. Tu presto eris altario domini Itaque intra in sanctuarium dei et ora pro illa, et quemadmodum tibi reuelatum fuerit a domino sic faciemus. **27** Inuento itaque tali consilio missus est preco per totas tribus Israel ut omnes die tercia ad templum domini conuenirent. Cum autem uniuersus populus conuenisset surrexit Ysachar pontifex et ascendit in alciores gradus ut ab omni populo audiri et videri posset. Factoque magno silencio dixit. Audite me, filii Israel, et auribus percipite verba mea. Ex quo templum istud a Salomone edificatum est fuerunt in eo regum filie et prophetarum, sacerdotum atque pontificum, et magne ac mirabiles extiterunt cum (? que) venientes ad legitimam etatem coniugium adepte viros acceperunt, secuteque primorum suorum ordinem domino placuerunt. A sola vero Maria nouus ordo agendi inuentus est, que promittit deo se virginem

**26** Prot. viii. 2. **27** Ps M. viii.

ut acciperet eam filio suo in uxorem. Maria uero prohibebat eos dicens Non potest fieri ut et (aut) ego uirum cognoscam aut uir me cognoscat. Dicebant ei pontifices et affines illius Deus in filiis colitur et in posteritate honoratur et sic fuit semper adhuc in populo Israel. Respondens itaque Maria dixit eis Deus in castitate primum omnium adoratur. Nam Abel nemo fuit iustior inter homines, et iste cum oblacione et uite sue mundicia placuerit deo, ab eo qui pro iniusticia sua deo displicuit crudeliter occisus est. quique duas coronas accepit a deo, oblationis et uirginitatis, quia nullam in sua carne pollucionem admisit. Denique et Helias propheta ideo assumptus est quia ⟨cum⟩ esset in corpore et carnem sua⟨m⟩ uirginitate[m] consecrauit. Hec ergo in templo dei didici ab infantia mea quod satis deo cara sit uirginitas, et ideo coram deo statui in corde meo ut uirum nunquam penitus agnoscam (cog-). [*Lectio* Va

26 Factum est autem cum duodecimum annum attingeret consilium fecerunt de ea sacerdotes cum summo pontifice Zacharia dicentes Ecce Maria facta est annorum duodecim. quid ergo faciemus de illa? Iam in consuetudine adolescentularum ulterius in templo domini manere non potest. Dixit eis Zacharias Dominus deus Israel curam habebit de ea.

27 Tunc inierunt tale consilium ut mitteretur preco in totam terram Israel ut ex omnibus tribubus filiarum(-orum) Israel conuenirent die tercia ad templum domini. Cumque die tercia uniuersus populus conuenisset in Ierusalem ad templum domini, surexit e medio Isachar pontifex et ascendit in eminentem locum ubi ab omnibus audiri et uideri posset, et facto magno silentio locutus est dicens Audite me filii Israel et auribus percipite uerba mea. A tempore Salomonis ex quo edificatum est templum istud, fuerunt iam in hoc templo educate et erudite uirgines filie regum et prophetarum atque sacerdotum siue pontificum, ac magnarum uirtutum mirabiles extiterint(-unt). sed tamen uenientes ad legitimam etatem, uiros in coniugium adepte, secute sunt priorum suarum

26 Prot. viii. 2. 27 Ps M. viii.

permanere. unde videtur mihi ut interrogacio nostra ex responso dei agnoscat cui custodienda dimitti debeat.

**27***a* Hoc in dubiis rebus Dauid fecit. quando ephot applicuit et deum consuluit et victoriarum compos extitit. Hoc et nos necesse est faciamus ut deum patrum nostrorum complacasse gaudeamus. Placuit ergo iste sermo omni synagoge, et missa est sors a sacerdotibus super duodecim tribus.

**28** Tunc intrauit Zacharias in sanctuarium dei habens xii[cim] tintinnabula et vestem sacerdotalem et optulit sacrificium deo, et effundente illo oracionem apparuit angelus domini dicens ei Conuoca uniuersos viros viduantes ex tribu Iuda, et afferant singuli virgas suas, et de quo signum ostenderit dominus, ipsi trades eam.

Tunc ammoniti sunt omnes ex tribu Iuda ut sequenti die quicunque sine uxore esset veniret et deferret virgam in manu sua. Unde factum est ut Ioseph proiceret asciam de manu sua, sumensque virgam cum iunioribus senior abiisset. et conuenerunt uniuersi ad sacerdotem ferentes unusquisque virgam. atque tradentes. et accipiens eas sacerdos ab eis introiuit in sanctuarium ut interrogaret dominum, offerensque sacrificium orauit. Cumque explesset oracionem dixit ad eum angelus domini Intromitte omnium virgas intra sancta sanctorum ubi maneant usque mane. Precipe eis ut mane veniant ad te ad recipiendas virgas. cum receperint unusquisque virgam suam ex acumine (e cacumine) virge egredietur columba et volabit ad celos. In cuius ergo manus virga reddita hoc dederit signum, ipsi trade Mariam custodiendam.

**27** *a* to gaudeamus, not found: then Ps M. viii. 2.
**28** Prot. viii. 3 in part, and ix. 1. Ps M. viii.

ordinem uel morem atque ita placuisse deo probate sunt. Ab ista uero sola uirgine Maria nunc nouus ordo placendi deo inuentus est, que promittit deo in uita sua se uirginem permansuram. Unde necessarium mihi uidetur ut ex interrogatione nostra et responsione dei agnoscere studeamus cui debeamus eam committere custodiendam.

*26a* Placuit iste sermo omni sinagoge, et conuersi omnes ad summum sacerdotem Zachariam dixerunt ei Tu presto es altari domini. itaque intra sanctuarium domini et ora pro puella ista, et quod tibi de ea reuelatum fuerit a domino deo nostro, hoc faciem⟨us⟩.

28 Intrauit ergo Zacharias sacerdos in sanctuarium domini uestitus ueste sacerdotali in qua pendebant undique · xii · tintinabula, obtulitque sacrificium deo Israel. Effundente autem illo preces coram domino apparuit ei angelus domini dixitque ad eum Cum fueris egressus uocabis ad te principes uniuerse plebis filiorum Israel atque demandans eis precipe ut singuli afferant uirgas suas ponendas hic in conspectu domini, et in qua dominus ostenderit signum huius erit uxor. Factum est ergo ut mitteretur sors a sacerdotibus super · xii · tribus Israel, ceciditque sors super tribum Iuda. Tunc datum est mandatum tribui Iude ut sequenti die quisquis sine uxore est in illa tribu ueniat ad templum dei ac deferat uirgam in manu sua. Unde factum est ut et Ioseph simul cum aliis ferens uirgam suam adesset ante sacerdotes. cumque proiecisset eciam (asciam) de manibus suis sumpsit uirgam senior cum iuuenibus. †Conuenerunt omnes sacerdotes ferentes et ipsi singuli uirgas suas†. Tunc summus sacerdos Zacharias accipiens omnes uirgas portauit eas secum in sanctum sanctorum et optulit sacrificium domino deo et fecit orationem ⟨pro⟩ populo Israel. Et cum ab oratione cessasset, iterum apparuit ei angelus domini dicens ad eum. Postquam unicuique reddideris uirgam suam, ex cacumine unius uirge

*26a* Prot. viii. 2.
28 Prot. viii. 3 in part, and ix. 1. Ps M. viii., with dislocations and omissions.

Factum est autem ut altera die maturius venirent uniuersi ut admoniti fuerant, et ingressus pontifex sancta sanctorum fecit oblacionem incensi. Sumens ergo virgas ut erogaret eas in manibus suis, relicta ⟨uirga⟩ Ioseph propter abiectionem sui egressus est foris. Cumque protulisset virgas porrigebat unicuique virgam suam, et non erat signum in eis, ut ex nulla virga exisset columba.

Tunc induit se Abiathar pontifex ·xii· tintinnabulis sacerdocii et ingressus sancta sanctorum incendit sacrificium. et iterato fudit illis oracionem. superuenit autem oranti angelus domini et dixit ei Illa virgula breuissima quam hic reliquisti et pro nichilo computasti et non cum ceteris protulisti Hec cum prolata fuerit et reddita a te, ipsa demonstrabit signum quod locutus sum tibi. Erat autem hec virga Ioseph quam sacerdos reliquerat. eo quod illum pro abiecto habitu dissimulauerat et quoniam senex erat quasi non posset accipere eam ipse, sed nec requirere. Cumque staret ultimus et humilis voce magna proclamauit ei Abiathar pontifex dicens Veni iam et accipe virgam tuam, Ioseph, quoniam tu exspectaris ad gloriam perhennis incorruptibilitatis. Qui audiens obstupuit admirans verba sacerdotis iam minime dissimulantis Nouissime autem accessit suamque virgam accepit Ioseph, expauescens quod summus pontifex cum clamore nimio eum vocasset. Mox autem ut extendit manum suam et virgam accepit, signum apparuit, et ecce columba niue candidior speciosa nimis exiit de virga Ioseph et sedit super ⟨caput⟩ eius. Deinde diu volitans per templi fastigia celos peciit. Tunc uniuersus populus congratulabantur seni dicentes Beatus factus es in senectute tua quod te ydoneum fecit deus ad accipiendam Mariam.

29 Cum autem sacerdotes dicerent ei Accipe eam, quod ex omni tribu tua tu solus electus es Ille vero cepit adorare et rogare eos cum verecundia dicens quod Senex sum. et filios

29 Ps M. viii., and Prot. ix. 2.

egredietur columba atque omnibus aspicientibus euolabit ad celos. In cuiuscumque manibus tradita uirga hoc dederit signum, sine aliqua dubitacione ipsi traditur uirgo Maria custodienda. Et cum hec uerba angelus fuisset locutus, amplius non uidit eum sacerdos.

Sumpsit itaque omnes uirgas in manus suas et egressus est foris ad populum. Cumque traderet unicuique propriam uirgam suam et non apparuisset ullum signum in eis,

nouissimam uero uirgam cum recepisset Ioseph de manu sacerdotis

ecce columba ut nix candida processit de uirga illa seditque super capud illius. deinde eleuans se diucius per templi fastigia uolando celos penetrauit Hoc uidens uniuersus populus congratulabantur omnes seni dicentes Beatus es in senectute tua et felix erit omnis tua progenies, quem dominus deus ita idoneum ostendere dignatus est et dignum custodem tante uirginis. [*Lectio* VI[a]

29 Cum autem sacerdotes euocantes Mariam et adductam ante Ioseph dicerent ei Ecce hec puella a domino deo nostro hactenus honorata traditur tibi custodienda. Accipe ergo eam

29 as A.

habeo. Ut quid mihi ista puella que iunior est nepotibus meis? Non illam accipiam ne fiam in derisum filiis Israel. Tunc Abiathar pontifex dixit ei Ioseph, time dominum deum tuum et memento que fecerit Dathan et Abiron in Oreb. quomodo aperta est terra et deglutiuit eos propter inobedienciam suam quod domini voluntatem contempserunt, ne ita eueniat et tibi si forte hoc tibi quod a deo iubetur contempseris. Respondit Ioseph dicens Ego quidem non contempno voluntatem dei, sed custos eius ero quousque in hoc voluntas dei nostri cognosci possit, qui eam ex filiis meis coniugem accipiat. Dentur tamen alique ex sodalibus eius virgines cum quibus interim sit. Et respondens Abiathar dixit. Virgines quidem ad solacium eius dabuntur quousque dies statutus veniat in quo eam tu accipias. Non enim poterit alii in matrimonio copulari.

30 Tunc Ioseph accepit Mariam cum aliis quinque virginibus ut essent cum illa in domo. Erant autem iste Rebecca Sephora Susanna Abietgea et Zachel. quibus datum est a pontificibus sericum et iacinctum, coccum et byssum, purpura et linum. conuocauitque eas sacerdos dicens Mittite sortem in conspectu meo quo sciam que teneat bissum aut sericum aut iacinctum, ueram purpuram atque linum, ut faciamus vela in templum domini. Miseruntque sortes subinter et abinter se que virgo quid faceret. et ut contigit tenendam accipere purpuram, sortita est Maria veram purpuram, et abierunt.

30 Ps M. viii. 5.

tibi commendatam a domino deo tuo quia ex omni tribu tua pre aliis tu solus ad hoc electus esse cognosceris. cepit ille humiliter adorare atque cum uerecundia rogare dicens Vos optime nostis quomodo ego sum senex et habeo filios iuuenes. ut quid mihi ista infantula? que quantum ad etatem pertinet potius uidetur neptis mea quam coniux, et que etiam adhuc minor etate sit nepotibus meis. Non potest hoc ita fieri ut ego eam accipiam, ne forte efficiar in derisum omnibus filiis Israel. Tunc Abiathar sacerdos et pontifex reddidit responsum Ioseph. Time dominum deum tuum, et memento Chore Dathan et Abiron, quanta fecerunt contra dominum, et quomodo aperta est terra et deglutiuit eos omnes propter inobedientiam suam quia uoluntatem domini contempserunt et precepta eius seruare noluerunt Ita et tu timere debes ne forte tibi eueniat si hoc quod tibi a domino precipi palam est forte contempseris. Respondit ei Ioseph Ego quidem non contempnam super hoc uoluntatem domini, sed obedienter et uoluntarie custos ero illius quousque uoluntas dei cognosci possit, quis eam filiorum meorum secundum legem accipiat in coniugem. set tamen de⟨n⟩tur quedam ex sodalibus suis uirgines que cum illa educate sunt ut cum illa interim sint Ad hoc respondens dixit sacerdos Uirgines quidem ad solatium eius dabuntur ut dicis quousque dies statutus ueniat in quo tu eam accipias. Non enim alio cuiquam ut nos opinamur in coniugio potest copulari.

30 Tunc Ioseph accepit sibi uirginem Mariam traditam a pontificibus in domum suam cum aliis · v$^{e}$ · uirginibus que simul essent cum ea quorum fuerint(-unt) ista nomina. Rebecca. Sefora. Susanna. Abieta. et Zael. quibus etiam a pontificibus templi datum est sericum ac linum, iacinctus, coccus, byssus et purpura, ut operarentur inde et facerent uestes sanctuarii et uelamen in templum domini. Set conuocans eas summus sacerdos coram se dixit eis Mitte hic sortes in conspectu meo que uestrum sumat bissum, que sericum, uel que ex uobis iacinctum, que autem ueram purpuram, item que linum uel coccum. Mittentes autem sortes, sortita est Maria sola ueram purpuram. similiter et cetere secundum quod sors

30 as A.

31 Erat autem hoc eo tempore quando Zacharias obmutuit et factus est pro eo Symeon sacerdos quousque locutus est Zacharias.

32 Ergo factum est ut Maria tangeret purpuram texendam ad velum templi domini. ʼque dum acciperet dixerunt ei virgines ille Cum te humilem et ultimam facias, purpuram meruisti obtinere? et hec dicentes aliaque usque ad fatigacionem sermonum, ceperunt eam reginam virginum appellare. Dumque hec inter se agerent, apparuit subito in medio eorum angelus domini dicens Non erit hic sermo in fatigacionem missus, sed in probacionem verissimam prophetatus. Expaueruntque virgines in aspectu angeli et in verbis eius, et rogabant eam ut indulgeret eis et oraret pro illis. Maria autem venit (neuit) purpuram illam et reposuit mundam in domo.

33 Altera autem die sumens vas abiit implere aqua, et dum staret iuxta fontem ut urceum impleret, apparuit ei angelus dicens Aue, Maria, beata es tu quia in mente tua domini est habitaculum quod sibi preparasti. Ecce veniet lux de celo ut in te habitet et per te uniuerso mundo resplendeat.

34 Iterum die tercia cum operaretur digitis suis purpuram ingressus est ad eam iuuenis cuius pulchritudo enarrari non potest. quem videns Maria expauit et contremuit. Ait autem illi angelus Ne timeas, Maria, inuenisti enim graciam domini. concipies enim et paries filium regem regum, qui regnabit in

31 Prot. x. fin. 32 Ps M. viii. 5. 33 Ps M. ix. 1.
34 to celis, Ps M. ix. 2. The rest chiefly Luke i., and Prot. xi. 2.

eis demonstrabat singula recipientes profecte sunt cum Maria ad domum Ioseph.

31 Eo tempore contigit quod summus sacerdos Zacharias quadam die cum esset in templo domini obmutuit, nec poterat loqui cum egrederetur. quocirca functus est interim pro eo summo sacerdotio Symeon, quousque reciperet iterum loquelam secundum uoluntatem dei Zacharias.

32 Factum est in quadam dierum Maria ut tangeret purpuram uendendam (nendam) ad uelum templi domini, ut dicerent ad eam supra memorate uirgines Cum te intimam (inf-) et humiliorem inter nos ipsa facias, quomodo factum est quod tu sola meruisti ad operandum purpuram optinere? Hec uero dicen⟨te⟩s quasi in fatigacionem et contumeliam sermone ceperunt eam reginam uirginum apellare. Et cum hec ita inter se loquerentur, subito in medio earum astitit angelus domini dixitque ad illas Neque enim iste sermo uester est in fatigacionem emissus, sed in uerissimam probacionem prophetatus. erit enim et est non tantum uirginum sed et regina et domina omnium in mundo feminarum. Hec cum dixisset angelus domini ultra non est uisus ab eis. Ille autem non minimum expauentes de aspectu angeli et adhuc amplius ex uerbis eius tremefacte rogare ceperunt Mariam ut sibi indulgeret et oraret pro eis. Illa uero statim benigno animo humiliter annuit peticionem earum. Interim enim accepta[m] purpura[m] uenit (neuit) in domo sua reposuitque mundam.

33 Quodam uero die accipiens Maria uas de domo sola processit foras ad fontem ut inpleret illud aqua. apparuitque ibi angelus domini stans super fontem et dixit ad eam Beata es, uirgo Maria, quoniam preparasti dignum habitaculum domino deo tuo in mente tua. Ecce enim lux de celo ueniet ut in te habitet et per te illustret uniuersum mundum.

34 Tercio autem die post hec dum esset sola in cubiculo et operaretur purpuram digitis suis Ecce angelus domini sanctus Gabriel subito ingressus est ad eam cum inmenso lumine facie splendens et tanta pulcritudine que non potest enarrari. Hoc uiso Maria nimium expauit et ualde conterrita est. sed

31, 32, 33 as A.
34 to celis, Ps M. ix. 2. Hec—mulieres, partly Prot. xi. 2.

secula seculorum, qui non solum in terra imperat, sed et in celis.

Cumque hec audisset Maria, cogitare cepit intra se dicens Non ego concipiam sicut et cetere mulieres?

Et respondens dixit quomodo fiet illud, quoniam virum non cognosco? Et respondens angelus dixit ei

Non ita sicut cogitasti paries, Maria, sed spiritus sanctus superueniet in te, et virtus altissimi obumbrabit tibi. Ideoque et quod nascetur ex te sanctum vocabitur filius dei. et erit nomen eius Ihesus. Ipse enim saluum faciet populum suum a peccatis eorum. Ecce Elyzabeth cognata tua et ipsa concepit filium in senectute sua et hic mensis est sextus illi que voca⟨ba⟩tur sterilis. quia non est impossibile apud deum omne verbum. Et dixit Maria ad angelum Ecce sum ancilla domini ante conspectum eius. fiat voluntas eius in me secundum verbum tuum. Et discessit ab ea angelus.

angelus timorem eius blande mitigauit sic dicens Noli timere, Maria uirgo deo dilecta que ab ipso gratiam maximam pre omnibus feminis hactenus in mundo existentibus meruisti. Ecce enim concipies in utero tuo ex uerbo domini et paries filium altissimi dei qui non solum in terris imperabit sed et in celis. quem omnis creatura in mundo ueneranter adorabit, regem regum et dominum omnium dominorum quem proprio nomine Iesum uocabis, qui a propheta sicut legisti olim dictus est Emanuel, et regni ipsius nunquam ueniet finis.

Hec ergo cum Maria ab angelo domini uerba percepisset stupefacta intra semetipsam cogitare cepit dicens Nunquid fieri potest ut uirgo concipiam de domino deo et pariam filium quemadmodum parturiunt et cetere mulieres?

34*a* dixit quoque ad angelum quomodo potest fieri istud, ut utero grauescam pudico, quoniam uirum penitus non agnosco et inmunis sum a marito? Desponsata sum homini iusto. si cum illo non conuenero, unde erit quod generabo? sed si fieri potest ut intacta concipiam, et filium clausa generem, indica modum, et paratum inuenies animum meum. Ego enim modis omnibus me deuoui domino meo in quem spero et a quo exopto ut sic habeam prolem quatinus non perdam integritatis mee pudorem.

Ad quam iterum angelus Gabriel sic refferens O, inquid, Maria uirgo domini, sponsa dei, dilecta omnipotenti, grata creatori, si hunc a me modum requiris, quomodo uirgo concipere queas, uirgo parias, et post partum uirgo inuiolata permaneas, uel quomodo fiat in te ipse qui fecit te, asculta mea dicta, et credens uerbo dei non perturberis.

Non ita sicut cogitasti parturies quomodo faciunt relique mulieres, quia spiritus domini sanctus superueniet in te et ita te uirtus dei altissimi obumbrabit ut nec estum paciaris libidinis et mater sis ac celi ac terre creatoris. Et ideo sanctum quod nascetur ex te uocabitur filius dei benedictus per secula. 34*b* Hic (His) igitur et talibus ab angelo Maria auditis, manibus expansis et oculis ad celum eleuatis
sic dixit ad eum Ecce sum ancilla dei in conspectu illius neque

34*a* Ps Aug. serm. App. 195. Non ita etc. cf. Nat. Mar. ix.
34*b* Nat. Mar. x, in part.

35 Consummata ergo purpura portauit sacerdoti. et benedixit illam sacerdos dicens O Maria, benedicta es et magnificauit dominus nomen tuum in uniuersis nacionibus terre.

Concepit igitur et ignorabat, repleta gaudio eo quod eam benedixerat sacerdos domini.

36 In ipso ergo tempore abiit ad consobrinam suam Elyzabeth et pulsauit hostium eius. Cumque audisset Elyzabeth vocem eius, iecit que tenebat ex manibus et currens apparuit ei et benedixit eam dicens Benedicta tu inter mulieres, et benedictus fructus ventris tui. Unde hoc mihi ut mater domini mei veniat ad me? Ecce enim, ut facta est uox salutacionis tue in auribus meis, quod est conceptum in utero meo exultauit. Maria vero hoc audito recordata est sacramentorum que ei locutus est angelus Gabriel et inspiciens in celum dixit Que sum ego domine quod uniuersi magnificant me? et dixit Magnificat anima mea dominum et exultauit spiritus meus in deo salutari meo Quia respexit humilitatem ancille sue. et cetera que sequuntur.

Morata est autem apud Elizabeth mensibus tribus, et de die in diem ampliabatur venter eius, et tumens (timens) reuersa est in domum et celabat se a filiis Israel.

35 Prot. xii. 1. 36 Prot. xii. 2 (and Luke).

enim matris nomine digna sum. Fiat uoluntas eius in me secundum uerbum tuum, et spiritus sanctus adueniens me celestibus dignam misteriis reddat, ut in meo utero filius dei humane substancie habitum induat, atque ad redemptionem mundi tanquam sponsus procedat e thalamo. Post hec uerba Marie angelus Gabriel recepto consensu illius ad deum in celos inde uenerat et (unde et uenerat) regressus est.

35 Post hec autem statim Maria consumpto opere sibi commisso de purpura restituit illud summo sacerdoti in templum domini. Quam sacerdos quoque benedixit in his uerbis dicens O Maria uirgo felix et deo digna, benedicta es et eris super omnem creaturam, et magnificabit dominus nomen tuum in uniuersis nacionibus terre. Maria autem gaudio repleta in domino postquam benedixisset eam sacerdos erat concipiens in utero,

36 abiitque cum summa festinacione et intrauit in domum Zacharie sacerdotis, qui iam mutus effectus erat per sex menses, et salutauit consobrinam suam nomine Elizabeth. Audiens Elizabeth uocem Marie abiecit uelociter ea que tenebat manibus, et repleta spiritu sancto exclamauit dicens ad eam Unde hoc mihi ut ueniat mater domini mei ad me? Ecce enim in aduentu tuo exultauit in gaudio quod est in utero meo. et beata nimium es que credidisti uerbis domini que complebuntur in te tempore oportuno ad saluationem seculorum. Maria hec audiens ab Elizabeth memor facta sacramentorum que ei dixerat angelus domini Gabriel, aspiciens in celum dixit Magnificat anima mea nomen tuum, domine. Et spiritus meus exultans in salutari tuo benedicit misericordias tuas tociens in nostras progenies effusas Et que ego sum, domine deus meus, quia respexisti in humilitatem ancille tue? Et ecce ex hoc nunc beatam me dicent et magnificant omnes naciones.

Mansit quoque Maria apud Elizabeth tribus mensibus, et post hec iterum reuersa est in domum suam et ciuitatem Nazaret et celabat se a filiis Israel, conseruans et conferens in corde suo omnia uerba que ab angelo audierat. Postea uero de die in diem amplificabatur et intumescebat uenter eius.

35, 36 as A.

37 Post menses vero sex concepcionis eius cum hec agerentur reuersus est Ioseph ab operacione sua in domum suam. quia in Capharnaum maritima erat occupatus eo quod esset faber ligni, et moratus ibidem fuerat per menses octo. et inueniens Mariam pregnantem

38 totus contremuit, et positus in agonia percussit sibi faciem, proiciensque ⟨se⟩ in terra plorauit amarissime

37 Ps M. x. 38 Ps M. x. Prot. xiii.

Erat autem annorum xiiij[cim] cum hec sacramenta fierent in ea.

37 Nescit interea Ioseph Marie sponsus quid cum Maria egerit angelus, quia dum esset faber lignarius moratus in maritima ciuitate Capharnaum nouem mensibus in operatione atque matutino (?) labore ⟨esset⟩ ocupatus. Cumque consummarentur · vi · menses conceptionis illius reuersus Ioseph in domum suam subito contuitu familiari et licentia maritali respicit, et inuenit Mariam uirginem suam inpregnatam.

Videt denique in ea tumescentes uenas in gutture, attenuari faciem, cotidie palloribus obiectari colorem quod non sunt uirginei rubores in facie. Postremo uidet eam gressibus grauari, intelligit quoque ipsam utero grauidari.

38 totusque contremuit intra semetipsum atque conuersus in languorem et proficiens (proiciens) se in terram ac percuciens sibi capud plorauit amarissime,

eiulans et lugens quia Mariam quam de templo acceperat et nondum ut uxorem cognouerat neque ei aproximare ausus fuerat iam tunc inopinabiliter grauidam senciebat. Et quam non meruerat in coniugii honorem iam habuit in confusionem. secumque diu estuans ac disputans taliter intra se ipsum locutus est Ioseph Unde hoc contigit? quid euenit? Non cognoui, non noui, non uiolaui, non tetigi. Si non tetigi non uiolaui. Si non uiolaui non grauidaui. Heu, heu, quid contigit? quidue euenit? per quem Maria cecidit? quem sibi plus quam me adulantem inuenit? Ego enim cum licentiam ⟨haberem⟩ maritalem ante thorum nuptiarum puellarem non uexaui pudorem. Timui multumque pertimui quod in illo Moysaici libro sentenciali uerbo perscribitur Quecunque uirgo paternam domum fedauerit adulterio moriendo lapidibus subiacebit. Similiter et uir qui pudoris uestimentum patri non detulerit coramque testibus displicuerit (replicauerit *Aug.*) pudorisque signaculum non demonstrauerit moriturus et ipse cum uirgine erit. Utrosque enim libidinarios hac mortis sententia funus (feriri) uoluit simulque adulteros perire mandauit. sic namque ait Auferetis obprobrium de domo

37 Ps M. x. Videt—grauidari, Ps Aug. serm. App. 195.
38 Ps M. x. Prot. xiii. eiulans—parentalis, Ps Aug. l.c.

39 dicens Domine, domine, accipe spiritum meum quia melius est mihi mori quam viuere. Et exclamans dixit. Quo aspectu attendam ad dominum? aut qualiter rogabo eum pro puella ista? quoniam virginem eam accepi de templo domini dei mei et non custodiui eam. Putasne hoc mihi contigisse? quis est ille qui mihi insidiatus est, perpetrare talia ausus in domum meam, qui desolauit a virginibus virginem Mariam inmaculatam? O domine, laudabile est nomen tuum in uniuersa terra. Tu nosti, domine, quia innocens sum a sanguine eius.
40 Responderunt virgines ille que cum ea erant dicentes Nos scimus quia vir unquam nec tetigit eam. nos scimus quia integritas et virginitas in ea cum inmaculata perseverancia custodita sunt. Nam semper in deo in oracione permansit. cottidie de manu angeli escam accepit. quomodo potest fieri ut sit aliquod peccatum in illa? Nam si suspicionem nostram vis ut pandamus tibi, istam grauidam nullus facere potuit nisi angelus dei.

Respondit Ioseph Ut quid seducitis me ut credam vobis dicentibus quod angelus dei eam inpregnauit? Nam et hoc potest fieri. Quem enim angelus dei inpregnat sanctificat. Nulla illi corrupcio est, nulla contaminacio, sed diuini verbi expressio. Ut autem aliquis finxerit se angelum esse, qualiter credi potest ut eam deciperet? 41 Et hoc dicens fleuit et ait.

39 dicens—viuere, Ps M. ix. Et exclamans, etc. Prot. xiii.
40 Ps M. x. Nam et hoc—expressio, not found. 41 Ps M. x. Prot. xiii.

Israel, et omnis qui audierit timebit et non aget impie. Hanc Moysaycam ego sententiam precauebam, ipsamque luxuriam in meo corpore refrenabam, maxime quia et Dauiticam filiam eam esse sciebam, et regali me sacerdotio functum prenoscebam. Set quoniam nichil noui (nouum), nichil est mirum, nichil absconditum quod non reueletur, neque occultum quod non in publicum ueniat, in Maria quomodo Dauid regis filiam antiquam (in Dauid regis filia aliquando *Aug.*) recolo hystoriam. Dauid siquidem regem in Bethsabee Urie Ethei mulierem a⟨u⟩datia extulit regalis ⟨nec eum timor terruit maritalis *Aug.*⟩ et Mariam quoque Dauid regis filiam cogitatio impulit puellaris, nec eam terror tenuit parentalis.

39 Iterum autem conuersus Ioseph exclamans aiebat Quo igitur aspectu possum uenire ante dominum deum meum, uel quali uultu adorabo ante faciem domini propter puellam istam, quam uirginem quidem de templo dei accepi, sed non eam bene custodiens perdidi? Quis putas est ille qui sic mihi insydiatus est, uel quis tale opus in mea domo perpetrare ausus est? Quis desolauit a uirginibus uirginem meam? O domine, laudabile est nomen tuum in uniuersa terra. Tu nosti quoniam innocens ego sum a sanguine huius.

40 Tunc dixerunt ad eum uirgines ille que cum Maria uirgine erant Nos scimus certissime quoniam uir nunquam tetigit eam, et quod integritas et uirginitas in illa inmaculata perseuerat. custodita uero nocte ac die permansit cotidie nobiscum in oratione, cotidie cum illa angelus domini loquebatur, cotidie de manu ipsius escam accepit. et quomodo esse potest ut aliqua culpa sit in illa? sed ut nostram suspicionem palam tibi pandamus, istam grauidam non f⟨ec⟩it aliquis alter nisi angelus dei.

Dixit eis Ioseph Nunc adeo me ualetis seducere ut credam uobis quia angelus domini inpregnaverit eam?

Potuit uero aliquis fingere se in angelum dei ut sic eam deciperet.

41 Hec dicens Ioseph flebat iterum sicut et prius et dicebat Qua fronte ualebo in templum dei introire, uel quid re-

39 Prot. xiii. 40 Ps M. x. 41 Ps M. x. Prot. xiii.

Qua fronte iturus sum in templum dei, vel quid dicturus sum sacerdotibus, vel qua facie visurus sum eos? Numquid in me, domine, recapitulata est Ade hystoria? quia cum esse[n]t adadminoracionem (Adam ad adoracionem?) ante conspectum claritatis tue gracias tibi agen[te]s venit serpens ad E⟨u⟩am, et inueniens eam solam suesit (suasit) illam et transgressa est mandatum et cecidit in corrupcionem mortis. Itane mihi contigit? Quid facturus sum?

42 Et cum loqueretur in oracione coram domino, leuauit se et vocans Mariam dicit Maria, dilecta domino, quid hoc fecisti et voluisti animam tuam infirmam facere ante filios Israel? Quare hoc commisisti, que nutrita es in templo dei et ampliata es in sancta sanctorum, quam sanctus sacerdos altissimi benedixit, et omnes sacerdotes domini, et uniuerse tribus Israel? Et hoc dicens ingemuit amare et respiciens ad celum dixit Domine deus, tu scis unde sit hoc opus. Tunc Maria repleta lacrimis dixit Viuit dominus deus meus quia ignoro unde sit hoc in utero meo.

43 Quo audito Ioseph timuit valde et siluit et cogitare cepit quid facere debuisset. Dicebat enim intra se

Si celauero peccatum eius inueniar resistere legi dei, et si

42 Prot. xiii. 2, part. 43 Prot. xiv. 1.

spons⟨ur⟩us sum sacerdotibus domini? O domine deus Israel, numquid in me misero incapitulanda est hystoria matris omnium uiuentium Eue? Sicut enim erat Adam in conspectu claritatis tue in paradiso manens tibique gratias agens, et uenit serpens ad Euam inueniensque eam solam persuasit ei ut transgrederetur tuum mandatum, et sic cecidit in mortalitatem et corruptionem, simili modo et mihi iam contigit.

42 Cum hec locutus fuisset Ioseph in oratione coram domino eleuauit se a terra uocansque Mariam ad se dixit ei O Maria dilecta a domino et honorata, quid hoc fecisti? et quare uoluisti animam tuam sic infamare ante filios Israel? O Maria que nutrita es in templo domini atque adulta in sanctuario sanctorum, quam summus sacerdos dei et omnes reliqui sacerdotes altissimi domini et uniuerse tribus filiorum Israel benedixerunt, hoc commisisti? Cum hec ergo dixisset Ioseph ingemuit amariter atque intendens in celum dixit Domine deus meus, tu scis unde sit factum istud. At Maria uidens tanto merore Ioseph et tali eiulatu affectum ipsa quoque miseracione ducta et tota misericordie uisceribus commota super dolore ipsius lacrimisque completa dixit ad eum Noli flere O Ioseph, noli flere neque timere, sed pocius habe fiduciam in domino deo tuo et ne innitaris estimacioni tue. Viuit dominus deus meus qui ⟨? quia⟩ solus nouit unde sit hoc in utero meo.

43 Hoc audito Ioseph magis timuit et ulterius in maxima hesitacione constitutus apud se cogitare cepit quid de ea facere deberet. Dicebat enim intra semetipsum

Quid ergo faciam? quid agam? anxio⟨r⟩ ac gemo, doleo, curro, consilium quero super ea nec plenum inuenio. Prodam aut taceam? quid agam penitus nescio. Prodam adulterium, aut taceam propter obprobrium? Si enim prodidero, adulterio quidem non consentiam, sed uicium ⟨naeuum *Aug.*⟩ crudelitatis incurram, quoniam secundum libros Moysi eam lapidandam esse cognosco. Si uero tacuero, malo quidem consentire uidebor, et cum adulteris portionem meam ponam. Quoniam ergo tacere malum est, quia

si peccatum eius celauero inueniar resistere legi domini,

42 as A. 43 Prot. xiv. 1. (quid ergo—malum est, quia, Ps. Aug. l.c.)

manifestauero filiis Israel, timeo ne angelicum sit quod est in utero eius, et inueniar tradens sanguinem innocentem in iudicio mortis. Quid ergo faciam? Occulte dimittam eam.

44 Et dum hoc dicens ut abiret cogitat, nox apprehendit eum. Cumque ordinat ut in nocte surgens fugeret, ecce ipsa nocte apparuit ei angelus domini in sompnis dicens Ioseph, Ioseph fili Dauid, ne timeas puellam istam. Accipe Mariam coniugem tuam, quia quod in ea est de spiritu sancto est. Pariet autem ex utero filium et vocabis nomen eius Ihesus. Hic erit magnus, et filius altissimi vocabitur. Ipse enim saluum faciet populum suum a peccatis eorum.

44 Ps M. xi.

adulterium uero prodere peius est, quia si eam manifestauero filiis Israel, timeo ne forte sit angelicum hoc quod est in eius utero et rei (? ne) per me tradatur innocens sanguis in iudicium mortis, ne per me fiat homicidium, dimittam tacite coniugium. cogitauit ergo Ioseph clam dissoluere coniugium et occulte eam a se dimittere.

44 Cumque hoc diu multumque apud se cogitaret Ecce iterum uirginis paranimphus, non homo sed Gabriel archangelus, medie noctis libramine dicit ad Ioseph in sompni uisione Ioseph fili Dauid, natus ex genere regali non solum regali, uerum etiam et sacerdotali, cur tantum tribularis? quare multum contristaris? cur in sompnio cogitando desudas? cur uigilando tristis ambulas? cur de Maria mali tibi suspicionem ingeris, cum ipsa tibi generatura sit saluatorem? Aufer zelotipie animum ex ea, quia qui nascitur ex ea ipse est ille qui inpregnauit eam. Ideo enim, Ioseph, tristis est anima tua quia quecunque legisti in prophecia non intellexisti in Maria. Ipse enim deus qui scripsit mirabilia in lege sua, ipse etiam facit nunc mirabilia in coniuge tua, mirabilia que hominibus sunt inpossibilia. Mirabilia ergo dei in lege dei non legisti? quod si legisti, quare non intellexisti? ipsa certe lex quam cotidie legis sine graffo scripta est in tabulis lapideis. Lege et intellige quod panem in heremo terra produxerit cuius semen aratorum in terram nullus induxit. Virga etiam Aaron annis sicca quamplurimis sine aqua reuixit, in tabernaculo floruit, nucesque clausa sub tecto produxit. qui ergo perscripsit lapideas tabulas sine stilo ferreo, ipse iam grauidauit et Mariam spiritu sancto. Et qui panem in heremo sine aratorum semine de terra produxit, ipse saluatorem eduxit de uirgine sine corruptione. Et qui fecit uirgam Aaron sine pluuia germinare, ipse nunc fecit Mariam filiam Dauid sine humano semine gingnere. Postremo, Ioseph fili Dauid, Ioseph filius prophetarum, socius scribarum, non legistis Ysaiam eximium prophetarum quid dix⟨er⟩it, quemadmodum scripserit? Ecce uirgo in utero accipiet et pariet filium, et uocabitis nomen eius Emanuel? quod ergo legisti in propheticis libris perspice complendum in Maria oculis tuis.

44 Ps Aug. l.c.

45 Exsurgens autem Ioseph a sompno gracias egit deo [suo] Israel quia manifestauit ei sacramentum suum, et locutus est cum virginibus et narrauit Marie visum suum et consolatus est super eam dicens Peccaui suspicionem aliquam habens de te.

46 Factum est autem ut hic rumor exiret quod Maria esset grauida. Superuenit autem Annas scriba in domum Ioseph. Qui dixit ei Quare tam diu non apparuisti in conuentu nostro? Respondit Ioseph Quia fatigatus fui a via itineris et requieui pausillum. Et conuertens se Annas intendit Mariam, et videns eam grauidam mirari cepit, et abiens ad sacerdotem dixit ei

Beatissime sacerdos, audi me. Dicit ei sacerdos Dic si quid habes quod dicas. Respondit Annas dicens Ioseph cui testimonium perhibes inique gessit nimis. Dicit ei sacerdos Quid tale commisit? Respondit Mariam virginem quam accepit de templo domini custodiendam violauit et furatus est nupcias eius et non fecit notum filiis Israel. Dicit ei sacerdos Ioseph hoc non fecit. incredibile est enim hoc quod dicis. Respondit Annas Mitte ministros in domum eius, et inuenies eam grauidam.

45 Ps M. xi.
46 Factum—grauida, Ps M. xi. Superuenit, etc. Prot. xv.
46—49 Prot. xv and Ps M. xii expanded.

Ut digne dicas canticum Dauid patris tui Sicut audiuimus, ita et uidimus in ciuitate dei nostri. Accipe ergo, O Ioseph, Mariam coniugem tuam, semper de ea securus et in nullo sollicitus, quia quod natum est in eius utero non est de peccato, sed est de spiritu sancto. Et quod nascetur ex eius utero non nuncupabitur filius Iudei, set appellabitur filius dei uiui. Habe ergo cum Maria coniuge tua coniugem (communem *Aug.*) uirginitatem membrorum, quia de uirgineis membris illius nascetur salus hominum ac uirtus angelorum.

45 Igitur Ioseph exsurgens a sompno gratias egit domino benedixitque deum Israel qui ostendit sibi gratiam suam. Locutusque est cum senioribus (uirginibus) que erant cum Maria, narrauitque eis sompnium suum. Atque coram eis alloquens Mariam sponsam suam consolatus est eam dicens Peccaui, mi filia, suspicionem aliquam habens de te.

46 Factum est autem post hec quadam die ut superueniret Annas scriba in domum Ioseph colloquii causa. cumque intuitus esset Mariam, deprehendissetque illam grauidam fore ex partu, miratus est, et conuertens se ad Ioseph dixit Quare tanto tempore non apparuisti in conuentu nostro? Respondit Ioseph Quia fatigatus de uia itineris requiescebam his primis diebus.

Abiit itaque Annas scriba ad summum pontificem nomine Abiathar locutusque est ad eum dicens

Beatissime sacerdos, audi uerba mea. Ioseph, cui tu testimonium perhibuisti, nimium inique gessit. Mariam enim uirginem quam accepit tradentibus nobis de templo dei custodiendam ad honorem et leticiam omnibus filiis Israel, ipse eam uiolauit, furatusque est nobis nuptias ipsius nec notum fecit filiis Israel. Dicit ei sacerdos Incredibilem rem refers, O Annas. Ioseph nunquam fecit sicut tu affirmas. Respondit Annas scriba dixitque ad summum pontificem Mittantur a celsitudine tua ministri in domum eius, et nisi ita inuenerint iudicabitis uos et omnes seniores gentis nostre cum adductus non tantum ipse ⟨sed⟩ etiam et Maria statu⟨ti e⟩-runt in sinagoga nostra, ut possit dictorum meorum secundum legem nostram ueritas in conspectu omnium approbari.

45 Ps M. xi. 46 Prot. xv. 46—49 as A.

47 Abeuntes ergo ministri in domum Ioseph inuenerunt eam sicut Annas dixerat duxeruntque eam ad templum domini et statuerunt ante sacerdotem et uniuersos maiores natu et uniuersum populum synagoge ad iudicium. Nam et Ioseph comprehendentes perduxerunt ad pontificem. Qui una cum sacerdotibus exprobrabat ei dicens Ut quid fraudatus es nupcias tante et talis virginis quam angeli sicut columbam in templo dei nutrierunt? que virum nunquam vel videre voluit, que in lege domini erudicionem optimam habuit. Tu autem nisi ei violenciam fecisses, illa hodie esset virgo perseuerans.

48 Ioseph autem deuotabat se iurans quod nunquam eam tetigisset. Et intuens in Mariam sacerdos dicit ei. Quare hoc fecisti? Quid tibi visum est ut humiliares animam tuam? O Maria, que nutrita es in sanctuario sanctorum, que accepisti escam de manu angeli et vidisti (audisti) ymnum sanctorum, quare hoc fecisti? Et lacrimatus est propter illam, et pro illo totum iudicium filiorum Israel.

49 Erant autem Iudei omnes intendentes in dampnacionem Marie. Stans autem Maria in iudicio intuens celum ingemuit cum fletu et ait Viuit dominus deus meus quoniam munda sum ante conspectum eius, et masculum non cognoui. Tu scis omnia, domine deus meus. Ecce enim asto in iudicio. Tu mihi auxiliare, quia tu es cognitor occultorum et secretorum qui scis omnia ante generacionem hominum, qui retribuis unicuique secundum opus suum. Tu nosti, domine, quod sine

47—49 Prot. xv., and Ps M. xii., expanded.

47 Igitur ministri a summo pontifice et a senioribus plebis Israel destinati in domum Ioseph inuenerunt sicuti Annas scriba dixerat Mariam grauidam, et abeuntes assumpserunt illam secum adducendam ante summos principes populi. Ioseph quoque et ipse similiter comprehensus est a ministris et perductus simul cum Maria ante pontificem in templum dei ut (ubi) omnes principes et maiores natu filiorum Israel conuenerant, ad hoc ipsum adunati. Cumque stetissent in conspectu omnium summus sacerdos una cum reliquis pontificibus cepit exprobrare Ioseph, dicens ad eum Quid est quod uidemus, O Ioseph? uirginem accepisti custodiendam tibi in domo tua, et ecce iam ante tempus lege decretum grauidam eam aspicimus. Ut quid fraudare nobis uoluisti nuptias tante et talis uirginis, quam angeli dei sicut columbam in isto domini templo enutrierunt, et que in lege domini erudicionem optimam habuit, que uirum etiam nunquam accipere uolebat, sed uirginitatem suam domino deo suo sicuti nobis ipsa professa est deuouit? Tu autem nisi uiolenciam illi inferres, ut credimus hodie uirgo permaneret.

48 Tunc quoque pontifex Abyathar conuertit se et intuens in Mariam arguto oculo dixit ad eam O Maria que nutrita es in sanctuario sanctorum, que erudita et custodita es ab angelis dei, que nisi de manu angeli cotidie escam non accepisti, et que audire solebas ymnum sanctorum, quare hoc facere uoluisti? quid tibi uisum est ut ita humiliares animam tuam? Et nos sperabamus per te leticiam et redemptionem generi nostro quandoque affuturam. An mente tua excidebat dominus deus Israel, oblitaque es eum? O Maria, quare hoc fecisti? Et lacrimatus est pontifex propter statutum iudicium in Israel.

49 Erant enim omnes intenti in dampnacionem Marie. Illa uero stetit in iudicio dampnacionis ante conspectum omnium et intuens in celum ingemuit cum amarissimo fletu et dixit Viuit dominus deus Adonay quia munda sum ante conspectum eius et quia masculum non cognoui. Tu scis domine deus omnia, quoniam tu es cognitor omnium occultorum et tu solus nosti omnia hominis ante generacionem eius, retribuens unicuique secundum opera sua. Tu nosti domine quia sine causa

47—49. as A.

causa adducta sum in iudicio, et ecce omnes intuentur sustinentes dampnacionem meam. Respice de celis et vide humilitatem meam. et redde aduersantibus mihi sine causa quia nichil horum commisi.

50 Principes sacerdotum dixerunt ad Ioseph Quid est quod videmus? virginem accepisti puellam custodiendam in domum tuam, et ecce grauida est. Respondit Ioseph dicens Viuit dominus deus quoniam mundus sum ab ea. Dicit illi sacerdos Noli per mendacium inuocare dominum, quia deus verax est, sed pocius dic nobis veritatem. Furatus es enim nupcias eius, et non fecisti notum filiis Israel, neque voluisti inclinare capud tuum sub manu omnipotentis dei ut benediceret semen tuum. Redde igitur nunc Mariam virginem sicut eam accepisti de templo domini dei.

Hoc audito Ioseph siluit. Celabat enim sacramentum quod ei factum fuerat per Gabrielem angelum dei, et intuens in celum gracias agebat.

51 Dicit illi Abiathar pontifex. Viuit dominus quoniam modo faciam vos potare aquam probacionis domini, ut dum biberitis appareat peccatum uestrum. Precepit igitur et protulerunt de sanctuario ydriam quam dedit Moyses filiis Israel, habens aquam de qua scriptum est in lege domini.

50, 51 Prot. xv. and Ps M. xii., expanded.

adducta sum ad synagogam, et ecce asto in iudicio quasi rea, et omnes intendunt in me sustinentes dampnacionem meam. Sed tu domine omnipotens auxiliare mihi et respice in me de celis et uide humilitatem ancille tue, ac secundum uoluntatem tuam fac mecum signum in bono, et redde aduersantibus mihi sine causa, cum nichil eorum que cogitant ipsi commiserim, ut uideant et confundantur omnes qui me oderunt, quoniam tu domine deus meus adiutor meus es et consolatus es me.

50 Princeps autem sacerdotum iterum conuersus ad Ioseph dixit ei cum furore Redde nobis nunc Mariam uirginem sicut eum accepisti de templo domini dei tui. Hoc audito Ioseph nequaquam uoluit patefacere sacramenta que nouerat per Gabrielem archangelum de eadem uirgine, sed tenens intra se silentium atque in celum intuens animo constanti gratias agebat deo in corde suo de omnibus operibus suis. Responditque ad omnes sic dicens Viuit dominus deus Israel quoniam mundus ego sum prorsus ab ea. Dixitque ei sacerdos Noli Ioseph in mendacio nomen domini dei tui inuocare, qui uerax est, set pocius manifesta nobis ueritatem, quare furatus es nuptias eius et non fecisti notum filiis Israel, nec uoluisti inclinare capud tuum sub manu sacerdotum omnipotentis dei ut benediceretur semen tuum.

51 Cumque silentium faceret Ioseph, Abiathar pontifex dixit eis Viuit dominus quia modo faciam uos potare de aqua probacionis, quam dum biberitis apparebit et manifestum erit omnibus hominibus peccatum uestrum. Tunc iussit sacerdos principes intrare in sanctuarium domini Et deportare hydriam quam dedit Moyses filiis Israel. Protuleruntque ydriam principes, in quam mittebatur aqua probacionis zelotipie secundum legem de qua scriptum est in lege Moysi.

Mulier que errauerit a proprio uiro maritumque contempnens dormierit cum alio uiro Et hoc maritus eius deprehendere nequiuerit, sed latet adulterium et testibus argui non potest quia non est inuenta in stupro, sed spiritus zelotipie concitabit uirum contra uxorem suam que uel polluta est uel falsa suspicione appetitur, adducta a uiro ad sacerdotem, offeret pro

50, 51 Prot. xv. and Ps M. xii. Mulier, etc. Num. v. 12 *sqq*.

Hec est aqua que traducit peccatores. Quam siquis gustasset menciens, dabit deus signum in faciem eius et tumorem in dextro femore eius. Tunc congregata est omnis multitudo filiorum Israel absque numero, et adducta est eciam Maria ad templum domini et flentes sacerdotes et parentes et adfines dicebant ad Mariam Confitere sacerdotibus peccatum tuum, que eras sicut columba in templi(-o) dei et accipiebas cibum de manu angeli.

52 Vocatus est ergo Ioseph ad altare rursum (sursum) et data est ei aqua probacionis. Quam cum biberet securus et girasset altare sepcies, nullum aliquo modo peccati signum apparuit in eo. Tunc sanctificauerunt eum omnes sacerdotes et ministri una cum populo dicentes Beatus es tu

52 Prot. xvi. and Ps M. xii., expanded.

illa oblacionem inuestigans adulterium et sacrificium zelotypie. statuetque illam ibi coram domino sacerdos. Assumetque aquam sanctam in uas fictile, et pausillum terre de pauimento templi mittet in eam, et discooperiet capud illius, et ponet super manus eius sacrificium recordacionis et oblacionem zelotypie. Ipse autem sacerdos tenebit aquas amarissimas, in quas cum execracione maledicta congessit, adiurabitque eam sic dicens Si non dormierit uir alienus tecum et si non polluta es deserto mariti tui thoro, non te noceant aque iste amarissime in quas maledicta congessi, sin autem declinasti a uiro tuo atque polluta es et concubuisti cum altero uiro, his maledictionibus subiacebis. Det te dominus in malediccionem ut sis in exemplum cunctorum. Putrescere faciat femur tuum, et tumens uterus tuus disrumpatur. Ingrediantur aque maledicte in uentrem tuum et utero thumescente putrescat femur tuum. Et respondit ipsa mulier Amen. amen. Scribetque sacerdos ista maledicta in libello et delebit ea aquis amarissimis in quas maledicta congessit. Et dabit ei bibere ipsas amarissimas aquas. Quas cum exhauserit, si polluta est et adulterii rea, pertransibunt eam aque malediccionis eritque mulier in malediccionem et in exemplum[que] omni populo. quod si ⟨nec⟩ polluta nec culpabilis fuerit, erit innocua facietque liberos cum benedictione. Ista est lex zelotypie et hec est aqua que traducit peccatores.

52 Itaque Ioseph uocatus est sursum ad altare, dataque est ei a sacerdotibus aqua coniurata secundum predictam legem ad bibendum. qui postquam bibit securus et incolumis septies girauit circa altare nullumque peccati signum apparuit in eo. quod cum aspicerent omnes populi qui presentes aderant omnes sacerdotes una cum ministris dei ac reliquis populis benedixerunt eum dicentes Beatus uir

52 Prot. xvi. and Ps M. xii. Beatus uir, etc. Ps. i.

quoniam non est in te inuentus reatus.
53 Similiter uocantes Mariam dixerunt ei Tu quam excusacionem afferre poteris, aut quod maius signum apparebit in te quam hoc quod te prodidit conceptus ventris tui? Hoc solum a te requirimus quia Ioseph mundatus est. Confitere quis est qui decepit te? Melius est ut tua hoc confessio prodat quam ira dei dans signum in faciem tuam in medio populi tui te manifestet.
54 Tunc Maria constanter et intrepide dixit Si est in me aliqua pollucio aut aliquod peccatum. si fuit in me aliqua concupiscencia, detegat me dominus in conspectu omnium populorum ut possim me mundare ab omnibus ad emendacionis exemplum. Et accedens ad altare domini accepit aquam probacionis animo secura dicens Iam secura et hylaris accedo ad aquam istam veram. Et cum gustasset et sepcies circuiret non fuit inuentum neque signum neque vestigium alicuius peccati in ea.
55 Stans autem coram omnibus hos sermones fertur dixisse. Aqua iusta, aqua vera, aqua bona et amabilis, que arguis peccatores, innocentes vero a morte liberas, aqua adiutrix vite mee, aqua pura et sine macula et iocundus potus in me caste virginitatis et inmaculate concepcionis, gracias ago. Aqua perhennis, benedico te ego mater que sum virgo, quoniam signum dei reseruatum est mihi. baptismum lucis.

Hec vero cum dixisset, splendor subito apparuit in faciem eius, et wltus eius mutatus est ita ut in eam non potuissent intendere filii Israel.

53, 54 Prot. xvi. and Ps M. xii. expanded. 55 not elsewhere.

qui non abiisti in concilio impiorum et in uia peccatorum non stetisti nec asedisti in cathedra pestilentie sed in lege dei tui uoluntas tua fuit, in mandatis domini diebus ac noctibus meditatus es. Ideo tanquam lignum quod plantatur secus transitus aquarum eris, quod dat fructum in tempore congruo. Sic omnia que facies prospera erunt quoniam non est inuentus reatus in te.

53 Post hoc autem uocantes et Mariam superius dixerunt ad eam Tu autem quam excusacionem afferre poteris? aut quid maius apparebit in te quam hoc quod prodit conceptus uentris tui? Tunc quia Ioseph mundus probatus est hoc solum a te requirimus. confitere quis est qui te decepit. quia melius est ut te tua confessio propria detegat quam ira dei te manifestet in medio omnis populi, dans signum in facie tua.

54 Tunc Maria constans et intrepida Respondit eis dicens Si est in me aliqua pollucio uel peccatum aut aliqua concupiscencia illicita, detegat dominus deus Israel hodie in conspectu omnium populorum suorum, ut possim purgari †omnibus emundationum probantis me† Postea uero accedens ad altare dixit. Iam secura et hylaris accedo ad aquam istam ueram. Cumque accepisset potationem animo securo gustauit eam coram omnibus, et nullum signum nec uestigium aliquod peccati inuentum est in ea.

55 Tunc stans coram omni populo repleta spiritu sancto hos dixit sermones Aqua iusta. aqua uera. aqua bona et amabilis, que arguis peccatores, innocentes uero a morte liberas. aqua uite mee defensor. aqua pura et sine macula. iocundus potus. testis mee caste uirginitatis atque inmaculate concepcionis. gratias ⟨ago⟩ deo meo et benedico te dominus deus Israel. Ego mater que sum uirgo, quoniam signum salutis tue manifestatum est in me.

Hec autem cum loqueretur Maria apparuit splendor dei in facie eius, uultusque illius mutatus est ita ut non posset eam intueri populus Iudeorum. Cumque uidissent omnes populi cum principibus et senioribus tantam gloriam dei, benedicentes et laudantes deum admirati sunt pulcritudinem speciei illius.

53, 54 as A.     55 as A, but with omission.

56 Tunc omnes principes et populi videntes pulchritudinem eius mirati pro exitu rei stupuerunt et ceperunt videntes conceptum ventris varia inter se loquacitate turbari. Alii dicebant hoc ad sanctitatem, alii vero malam conscienciam accusabant.

Tunc Maria videns suspicionem populi non ex integro fuisse purgatam voce clara omnibus audientibus dixit Viuit dominus deus Adonay exercituum in cuius conspectu assisto quoniam virum nunquam cognoui ab ineunte etate mea, sed neque cognoscam. quia in mente mea hoc ante definiui et hoc deo meo votum feci et ab infancia mea ut in ipsa qua me creauit integritate permaneam. in quo confido ipsi debeo soli viuere, sibi soli seruire quamdiu vixero sine pollucione.

57 Tunc omnes osculabantur genua eius et rogabant eam ut daret malis suspicionibus eorum indulgenciam. Dixit autem sacerdos ad Ioseph Dominus te iustificauit, paruit enim in te iusticia. Similiter et Marie dixit. Maria, te altissimus iustificauit, et constat in te veritas et virtus dei. Nunc autem, quoniam dominus qui est cognitor occultorum ostendit in uobis integram veritatem et avertit a uobis falsum crimen, nec ego uos iudico.

58 Et magnificauit Mariam totus populus, et deduxerunt eam sacerdotes et principes populi et virgines cum exultacione et gaudio usque in domum suam, clamantes et dicentes Sit nomen domini benedictum, quia manifestauit ueritatem suam uniuerse plebi Israel.

59 In illis autem diebus exiit edictum a Cesare Augusto ut proficiscerentur unusquisque properans in patriam suam et descripcionem facerent omnium suorum tam de ipso quam de coniugibus suis et filiis seruisque et ancillis suis sed et predia et pecora et debitam sibi pecuniam et subpellectilem domus

56 and 57 init. Ps M. xii. 57 Prot. xvi.
58 Ps M. xii. 59 New.

56 Aliqui autem ex plebe ceperunt adhuc hesitare de illa, atque conferentes et considerantes inter se conceptum uentris eius uaria loquacitate turbari. Alii enim inesse illi sanctitatem dicebant. Alii uero malam conscientiam accusabant.

At Maria uidens suspicionem quorundam nondum ex integro fuisse purgatam, audientibus omnibus uoce clara dixit Viuit dominus deus Adonai exercituum in cuius conspectu sto, quoniam uirum nunquam cognoui, sed neque cognoscendi uoluntatem habui, quia ab ineunte etate mea intra memetipsam diffiniui, et hoc deo meo ab infancia mea uotum feci, ut ipsi qui me creauit integra illibataque permanerem, et in quo me confido et spero, ipsi soli uiuere⟨m⟩.

57 Tunc omnes populi conclamabant benedicentes deum Israel, et osculabantur uestigia eius, rogantes ut daret eis ueniam suisque malis suspicionibus indulgentiam. Dixit quoque princeps sacerdotum ad Ioseph Deus te iustificabit, O Ioseph, quia ueritas inuenta est in te. Similiter et Marie dixit Altissimus dominus, Maria, te beatificauit, quia ueritas et sanctificatio omnipotentis dei constant in te. nunc autem, quoniam deus cognitor occultorum manifestauit in uobis integram ueritatem et gratie sue reuelauit euidentem ostensionem atque auertit a uobis falsam criminacionem, nec ego diutius uos iudicare uolo.

58 Itaque totus populus Israel Mariam magnificauit deduxeruntque eam principes populi et seniores cum magno gaudio et exultatione in ciuitatem suam Nazareth, clamantes super eam et dicentes Sit nomen domini benedictum in secula, quia magnificauit misericordiam et ueritatem suam domini Iacob et uniuerse plebi Israel a generacione in generaciones.

59 In illis diebus exiit edictum a Cesare Augusto ut describeretur uniuersus orbis terrarum et ut profiterentur census unusquisque in patriam et ciuitatem suam, et descriptionem singuli facerent omnium rerum suarum, et ut non solum se ipsos ac coniuges suas, filios uel filias, seruos atque ancillas ac predia pecoraque, sed ut etiam debitam sibi pecuniam

56—59 as A.

sue designarent. ut omnis in locis suis in quibus natus quis fuerat describerentur et censum ac tributa prestarent.

60 Igitur dum hec exisset precepcio in uniuersam Iudeam sub preside Syrie Cirino Ioseph qui erat faber qui ante Moab vocabatur necesse fuit ut proficisceretur ad Bethleem cum filiis suis et Maria sibi desponsata quam de templo domini acceperat eo quod esset Ioseph et Maria de tribu Iuda et de patria Dauid.

61 Cum ergo iter facerent per viam dixit Maria ad Ioseph Video ante me duos populos, unum flentem et alium gaudentem. et respondens Ioseph dixit ei Sede in iumento et noli mihi verba superflua loqui. Tunc apparuit ante eos puer speciosus indutus ueste splendida dicens ad Ioseph. Quare dixisti verba esse superflua de duobus populis que audisti? Nam populum Iudeorum flentem vidit quod recessit a deo. gencium autem populum gaudentem respicit quod accessit ad deum suum quod promisit deus patribus nostris Abrahe Ysaac et Iacob. Tempus enim aduenit ut in semine Abrahe benediccio omnibus gentibus tribuatur. Et hec dicens ab oculis eorum ablatus est.

62 Ioseph autem precessit ad ciuitatem. Maria⟨m⟩ autem reliquid cum Symone filio suo eo quod esset pregnans et tardius ambularet. Ingressusque Bethleem patriam suam stans in media ciuitate dixit. Non est aliud iustum nisi quis diligat suam ciuitatem. ipsa enim est uniuscuiusque hominis requies et in sua tribu quis requiescat. Ego autem post multum tempus te uideo Bethleem, bona domus Dauid regis et prophete dei.

63 Et circu⟨i⟩ens vidit unum stabulum singularem et ait In isto loco oportet me diuertere quoniam videtur mihi ex-

60 New. 61 Ps M. xiii. 62, 63 New.

totamque pariter supellectilem domus sue annotarent. ut unusquisque in locum suum in quo natus esset reuerteretur, ubi censum atque tributum prestaret.

60 Igitur cum hec descriptio exiret in uniuersum mundum, descripta est terra Iudea sub presyde Syrie nomine Cyrino. Tuncque necesse fuit Ioseph qui erat faber, qui ante Moab uocabatur, ut profiteretur ad Bethleem ciuitatem Dauid regis, una cum filiis suis et Maria desponsata sibi de templo domini, eo quod essent Ioseph et Maria de tribu Iuda et de familia Dauid.

61 Cum ergo iter facerent de ciuitate Nazaret per uiam que ducit ad Bethleem, dixit Maria ad Ioseph se uidere populos duos in obuiam sibi uenientes, unum scilicet flentem et alium gaudentem. Ioseph quia sibi nichil tale reuelatum fuerat monebat eam cepto itineri intendere atque a superfluis uerbis cessare. Cum hec inter se referrent, apparuit ante oculos eorum iuuenis facie speciosus et ueste splendida indutus. Isque dixit ad Ioseph Quare dixisti uerba superflua que a Maria de duobus populis tibi dicta sunt? Nam populum Hebreorum uidet flentem quia recessit iam a deo suo, et gencium populum respicit gaudentem quia accessit ad ⟨d⟩eum creatorem suum per fidem secundum promissionem dei ad patres nostros Abraham Ysaac et Iacob. Tempus enim iam aduenit ut in semine Abrahe benediccio omnibus gentibus tribuatur. Cum hec iuuenis dixisset, ab aspectu eorum ablatus est.

62 Illis autem Bethleem approximantibus Ioseph precessit eos in ciuitatem [et] relinquens filium suum Symeonem cum Maria que aliquantulum eo quod grauida erat tardius ierat. Ioseph uero ingressus Bethleem ciuitatem et patriam propriam stabat in media[m] ciuitate[m] et clamabat dicens Iustum quidem est ut quisque suam diligat ciuitatem et naturam (natiuam) patriam, atque in propriam ueniens tribum ibi requiescat, quia ipsa est unicuique homini requies data. Ego uero iam nunc post multa tempora exultans uideo te, Bethleem, ciuitas magni regis Dauid et prophete dei.

63 Cum hec locutus fuisset respiciens uidit quoddam stabulum singulare et uacans, et ait intra se In istum ergo locum

60—63 as A.

ceptorium esse peregrinorum. Mihi enim neque hospicium est hic neque diuersorium ubi requiescere possimus. Et circumspiciens eum dixit Modica quidem habitacio est sed pauperibus apta, presertim quod remota est a clamoribus hominum ut non posset noce⟨re⟩ mulieri parturienti. Itaque in isto loco necesse est me requiescere cum omnibus meis.

64 Cum hoc diceret exiit foris et respexit ad viam et ecce appropiantes veniebant Maria cum Symone. Cum ergo peruenissent ad eum dixit Ioseph Fili Symeon quare tarde venisti? Qui respondit Si non ego essem domine pater moram fecisset Maria eo quod esset grauida et sepius in via pausabat et refrigerebatur. Nam semper ego sollicitudinem habui in via ne occuparet eam partus. Et ago altissimo gracias quod dedit ei sufferenciam. Nam quantum suspicor et sicut ipsa refert iam partus eius proximus est. Et cum hec dixisset iussit stare iumentum et descendit de animali Maria.

65 Tunc dixit Ioseph Marie Filiola multum laborasti propter me. Ingredere itaque et adhibe tibi diligenciam. Tu autem Symeon affer aquam et laua pedes eius et dabis ei cibum aut aliquod aliud opus habuerit fac sicut desiderat anima eius. Fecit ergo Symeon quod iussit pater eius duxitque eam in speluncam, que lucem diei in ingressu Marie cepit ⟨habere⟩ et quasi hora sexta illuxit.

66 Ipsa autem penitus non cessabat sed semper intra se gracias agebat. Symeon autem dixit patri suo. Pater ⟨quid⟩ esse putamus quod patitur hec puella? quod omni hora intra semetipsam loquitur. ait illi Ioseph Non potest tecum loqui eo quod lassa est de via. Ideo secum loquitur. gracias autem agit. Et accedens ad eam dixit. Leua te domina filia ascende in grabatum et requiesce.

67 Et hec dicens egressa(-us) est foris. Et post pusillum Symeon secutus est eum ⟨et⟩ dixit. Festina domine pater, veni celerius. quod rogat te Maria. valde enim te desiderat. Puto enim quod partus eius prope est. dixit ei Ioseph Ego

64—67 New.

nos oportet diuertere, quoniam uidetur esse quasi exceptorium peregrinorum. mihi autem necdum hospicium aut diuersorium est ubi inrequiescere possimus. Igitur Ioseph eundem delegit sibi locum cum omnibus suis ad diuertendum et requiescendum in eo, eo quod modica quidem habitatio sed tamen humilibus apta fuerat, quia semota maxime erat a clamoribus hominum et a tumultu turbarum, ubi quicquam non posset mulieri parturienti nocere.

64 Post hoc egressus iterum de ciuitate respiciensque ad uiam, ecce uidet iam appropiantes Mariam cum Symeone. Et cum peruenissent, Ioseph interrogauit Symeonem cur tardarent ueniendo. Qui respondit Non ego, pater, moram gessi, sed domina mea cum sit grauida in itinere omni hora pausabat ac refrigerabat se. Ego autem semper sollicitus pro ea eram ne premeret eam partus. sed gratie deo qui dedit ei in omni isto itinere talem sufferenciam. Nam ut suspicor, et sicut illa refert, iam partus eius tempus uicinus (*sic*) est.

65 Tunc dixit Ioseph ad Mariam Domina filia multum laborasti propter me. ingredere itaque et adhibe tibi diligentiam. Precepitque Symeon⟨i⟩ aquam afferre ad lauandum pedes, et cibos parare, et quecunque alia opus erat sedule ei subministrare.

66 Dixit autem Symeon secreto ad patrem Quid esse putamus, pater, quod patitur hec puella? non cessat omni hora in semetipsa loqui et orare. Et ait Ioseph Eo quod lassatur de uia qua iuimus, ideo loquitur cum deo secrecum (secreto? secum?). Hec autem dixit dissimulando Ioseph. et accedens ad Mariam Rogauit eam lauare (leuare?) se et ascendere in grabatum quod ei iam parauerat in spelunca illa et requiescere in eo.

67 Et cum hoc factum esset, uoluit Ioseph paululum procedere foras in ciuitatem. et continuo prosecutus eum Symeon dixit ad eum Domine pater, festina et ueni celerius intus ad Mariam. Valde enim te desiderat esse secum. Puto autem

64—67 as A.

non ab ea discedo. Tu autem vade celeriter ut iuuenis, ingredere ciuitatem et inquire obstetricem que introeat ad puellam, quod multum prodest obstetrix mulieri parturienti. Respondit Symeon dicens Ego in hac ciuitate ignotus sum: quomodo possum obstetricem inuenire? sed audi me domine pater. scio et certus sum quod domino cura est de ea et ipse dabit ei obstetricem et nutricem et omnia quecunque necessaria sunt ei.

**68** Cumque hec loquerentur ecce puella venit cum kathedra in qua solitum erat succurrere mulieribus parturientibus. et stare cepit. Cum ergo vidissent eam mirati sunt, dixitque ad eam Ioseph. Filiola, quo vadis cum kathedra ista? Puella ita respondit. Misit me magistra mea ad istum locum quod venit ad eam iuuenis cum magna festinacione dicens ei Veni celerius ut expies (excipias) novum partum quod puella parturit primum partum. Hec audiens magistra mea premisit me ante se. Nam et ipsa ecce sequitur me.

Respiciens vero Ioseph videt eam venientem et abiit obuiam ei salutaueruntque se inuicem Et dicit illi obstetrix Homo ubi vadis? qui respondit Obstetricem Hebream quero. dicit ei mulier Tu ex Israel es? Et Ioseph ait Ex Israel sum ego. Dicit ad eum mulier Que est puella que parturit in hac spelunca? Respondit Ioseph. Maria que mihi desponsata est que nutrita est in templo domini. Dicit ei obstetrix Non est tua uxor? Et Ioseph Michi desponsata est, sed conceptum habet de spiritu sancto. Dicit ei obstetrix Hoc quod dicis verum est? Dicit ei Ioseph Veni et vide.

**69** Et introierunt in speluncam. Dixitque ei Ioseph Vade visita Mariam. Et cum vellet intrare in interiorem speluncam timuit eo quod lux magna resplendebat in ea que non defecit neque in die neque per noctem quam diu ibi Maria mansit.

**68** init. New. Respiciens, etc. cf. Prot. xix. **69** Ps M. xiii. 3.

partus eius iam prope sit. Dixit ei Ioseph Tunc necesse est me non discedere ab ea. Tuque fili celerius pergens in ciuitatem inquire obstetricem que ueniat ad ministerium. Respondit ei Symeon Et ego qui ignotus sum in hac ciuitate ⟨quo⟩modo uel ubi inueniam mulierem obstetricem ignoro. sed audi me, pater. ego confido et certus sum quia deo cura est de ea, et ipse nobis mittet obstetricem atque nutricem, et omnia quecunque ei necessaria sunt uel ipse procurabit.

68 Factum est autem cum hec inter se loquerentur aparuit ante eos puella ueniens et portans cathedram in qua solent parere mulieres. Et uidentes mirati sunt. Locutus est autem ad eam Ioseph dicens Filiola, ubi uadis cum cathedra quam portas? Respondit ei puella Misit ⟨me⟩ magistra mea ad istum locum ante se. nam et ipsa uelociter me subsequitur.

Tunc respiciens Ioseph uidit mulierem cum festinatione descendentem, et gaudio gauisus pergit ei obuiam et salutauit eam. Dixit hec mulier ad eum Homo, quo uadis uel quid uis? Ille respondit Obstetricem Hebream quero et uolo. Dixit ei mulier Es tu homo ex Israel? Et ait Ioseph Vere Israelita ego sum. Tunc dicit ad eum mulier Ecce uenit ad me iuuenis pulcherimus cum magna festinatione, precepitque mihi dicens Vade celeriter in illum locum, ut ueniens excipias nouum partum, quia puella adueniens a Nazareth parturit primum puerum. Que est ergo ista puella? Respondit Ioseph Maria est que mihi desponsata fuit postquam nutrita est in templo dei. Ecce iam conceptum edit in hac spelunca. Dicit ei mulier Et non est tibi uxor? Ait Ioseph Michi quidem desponsata est in uxorem, sed in ueritate permanens intacta et uirgo conceptum habet de spiritu sancto. Dicit illa Et hoc quod dicis uerum est? Respondit ei Ioseph Veni et uide.

69 Et introduxit eam secum in hospicium. Erat autem uespera. Intrantes uero uiderunt lumen splendidissimum radiare in circuitu spelunce ubi erat Maria, ita ut non auderet illuc mulier approximare. Accedens autem Ioseph ad Mariam

68, 69 as A.

Dixit ergo Ioseph Marie Ecce Zachelem obstetricem adduxi tibi que ecce foris stat ante speluncam. que pre splendore nimio huc intrare non audet nec enim potest. Audiens hec Maria subrisit. cui dixit Ioseph Noli subridere sed cauta esto, venit enim ut inspiciat te ne forte indigeas medicina. Et iussit eam intrare ad se et stare cepit ante eam. Cumque per horarum spacium permisisset se Maria scrutari exclamauit obstetrix voce magna et dixit Domine deus magne, miserere, quoniam hoc nunquam nec auditum adhuc nec visum est sed neque in suspicionem habitum ut mamille plene sint lacte et natus masculus suam matrem virginem ostendat. Nulla pollucio sanguinis facta est in nascente, nullus dolor in parturiente apparuit. Virgo concepit, virgo peperit et postea quam peperit uirgo perdurat.

70 Cumque tardaret obstetrix in spelunca introiuit Ioseph, occurritque illi obstetrix et prodierunt ambo foris inuenerunt-que Symeonem stantem, et interrogauit eam Symeon dicens Domina, quid agitur de puella? Potest aliquam spem uite habere? Dicit illi obstetrix Quid dicis, homo? Reside et narrabo tibi rem admirabilem. Et eleuans oculos ad celum obstetrix clara voce dixit Pater omnipotens quid est ⟨quod⟩ hoc vidi tale miraculum in quo stupeo? Que sunt opera mea quod digna fui videre sancta tua sacramenta, ut illa hora preparares ancillam tuam huc venire et videre mirabilia bono-rum tuorum, domine? Quid faciam? quomodo possum enarrare que vidi?

Dicit ei Symeon Rogo te ut quod vidisti indices mihi. Dicit illi obstetrix Non te latebit hec res, quod multorum bonorum est. Itaque intende in verba mea et in corde tuo retine.

70 New.

dixit ei Ecce adduxi tibi obstetricem Zelam honestam, que pro foribus stat, quoniam pre splendore luminis huius huc accedere non potest. Audiens autem Maria subrisit

iussitque eam introducere ad se. Veniens ergo Ioseph ad obstetricem dixit ei Ingredere, precepit enim tibi domina, et uisita eam. Tunc introiuit obstetrix ad Mariam in speluncam, in qua non deficiebat lux permanens neque in die neque in nocte. Cum autem permisisset eam se scrutari, exclamauit uoce magna cum admiracione obstetrix dicens Domine deus magne et omnipotens, miserere, quoniam hoc nunquam auditum est nec visum, ut mamille plene sint lacte et natus masculus suam matrem ostenderet uirginem. Nulla pollucio sanguinis apparuit in nascente. nullus dolor factus est in pariente. Virgo concepit. uirgo peperit. et postquam peperit uirgo perdurat.

70 Cum autem diu multum⟨que⟩ duraret obstetrix in spelunca cum Maria, tandem circa cantum gallorum uoluit Ioseph intrare ad eos et scire quomodo ageretur cum Maria. At occurrit ei obstetrix et exeuntes ambo foris inuenerunt Symeonem expectantem. Statim uero interrogauit Symeon obstetricem dicens Cum domina mea quomodo agitur? Respondit eis obstetrix et dicit eis Sedete hic, et ego uobis narrabo ualde mirabilia dei que omnis uiuens homo obstupescat et mirabitur. Hec dicens mulier leuauit manus suas et oculos ad celum et uoce clara dixit Omnipotens domine deus, pater celi et terre, que sum ego que uiderem tanta magnalia tua? uel que sunt opera mea in conspectu tuo quod dignam me fecisti uidere sancta tua sacramenta? et preparasti me ancillam tuam ministram fieri misteriorum celestium, ut huc uenirem et uiderem mirabilia operum tuorum? Domine, quid faciam? Quomodo queam enarrare ea que me uidere fecisti?

Dicit ei Symeon Rogo tamen ut quicquid uideris indices, nec abscondas a nobis. Tunc dicit obstetrix Itaque intendite uerba mea atque firma memoria in corde uestro retine⟨te⟩. Absit hoc a me, ut quicquam a uobis abscondam. nec uos latebit hec res que tantorum bonorum est.

70 as A.

71 Cum introissem ad puellam inspiciendam inueni eam faciem sursum habentem et intendentem in celum et secum loquentem. Ego vero suspicor quia orabat et benedicebat altissimum. Cum ergo venissem ad eam dixi ei Filia, dic michi, non aliquem dolorem sentis aut aliquis locus membrorum tuorum tenetur dolori⟨bus⟩? Illa autem quasi que nichil audiret et sicut solida petra ita inmobilis permanebat, in celum intendens.

72 In illa hora requieuerunt omnia silencio maximo cum timore. Nam et venti cessauerunt non dantes flatum suum neque aliquis ex foliis arborum motus est neque aquarum sonitus auditus est neque mouerunt se flumina neque maris fluctuatus erat, et omnia aquarum nascentia siluerunt neque vox hominum sonuit, et erat silencium magnum. Nam et ipse populus (polus) cessauit ab ea hora ab agilitate cursus. Mensure horarum pene transierant. omnia cum timore magno siluerant stupencia †nos expectantes aduentum altitudinis ⟨dei⟩ terminum seculorum.

73 Cum ergo approximauit hora processit virtus dei in palam. Et stans puella intuens in celum ut uinea facta est. Iam enim procedebat terminus bonorum. Cum vero processisset lux adorauit eum que se vidit enixam. Erat autem ipse infans solummodo (solis modo) circumfulgens uehementer mundus et iocundissimus in respectu, quoniam totum pax pacans solus apparuit. In illa autem hora qua natus est audita est vox multorum inuisibilium una voce dicencium Amen. Et ipsa lux que nata est multiplicata est et de claritate luminis sui solis lumen obscurauit. et repleta est hec spelunca lumine claro cum odore suauissimo. Sic autem nata est hec lux quemadmodum ros de celo descendit super terram. Nam odor illius super omnem odorem unguentorum fragrat.

74 Ego autem steti stupens et mirans et timor apprehendit me. Intendebam enim in tantam claritatem luminis nati. Ipsa autem lux paulisper in se residens assimilauit se infanti et in

71, 72 New. 72 cf. Prot. xviii. 73, 74 New.

71 Cum enim introissem ad puellam inspiciendam inueni eam faciem suam sursum habentem atque in celum intendentem secumque loquentem. Intellexi autem quod oraret et benediceret deum altissimum. Dixique ad eam Dic mihi filia si aliquem dolorem sentis uel aliquam molestiam membrorum tuorum pateris? Illa autem quasi nichil audiret et sicut petra inmobilis celum tantum intendens permanebat.

72 In ipsa autem hora quiescebant omnia cum summo silentio, Nam et uenti cessauerunt nullum dantes amplius flatum, neque aliquod folium arborum motum est, neque aquarum sonus quisquam auditus est, nec mouerunt se flumina. sed nec ulla uox hominum. uolucrum. bestiarum aut nullius animalis penitus super terram audiebatur Ipsa etiam celi sidera cessauerunt ab agilitate sui cursus. Erat itaque maximum silentium super omnem terram, quia erant omnia stupentia et expectantia aduentum altitudinis magni dei quasi terminum seculorum.

73 Cum autem appropinquaret hora ut procederet in palam uirtus dei, perstitit puella inmobiliter intuens in celum. Iam enim adueniebat tempus omnium bonorum uel benedictionum. Et cum processisset infans deus de uentre uirginis matris, statim ipsa que genuit prima adorauit eum quem uidit se enixam. Est autem infans ad modum solis circumfulgens uehementer. Mundissimus itaque est et iocundissimus aspectu super omnes pueros. Ideoque in illo pax uera omni mundo aduenit. In illa ergo hora qua egressus est de matre audita est uox multitudinis in sublimitate celi clarissime dicens Amen, amen, amen. deo alleluia. Ipsa quoque lux que iam nata est claritate lucis sue obumbrabat solis lucem. Nam et hec spelunca impleta est lumine claro et omni odore suauissimo. Sic autem nata est hec lux quemadmodum nascitur ros qui de celo descendit in terram. Odor etiam illius est super omnem odorem unguentorum fragrans.

74 Ego autem hec omnia cernens steti stupens ualde et admirans uehementer. Timor enim magnus apprehendit me cum in tantam claritatem nati luminis intendissem. Ipsa uero

71—74 as A.

continenti factus est infans · ut solent infantes nasci. et assumpsi audaciam et inclinaui me et tetigi eum, leuauique eum in manibus meis cum magno timore, et perterrita sum quod non erat pondus in eo sicut hominis nati. et inspexi eum, et non erat in eo aliqua coinquinatio, sed erat quasi in rore dei altissimi totus nitidus corpore, leuis ad portandum, splendidus ad respiciendum. et dum nimis mirarer eo quod non ploraret sicut soliti sunt nati infantes plorare, et dum tenuissem eum in faciem eius intendens risit ad me iocundissimum risum, aperiensque oculos intendit in me argute, et subito [r]egressa est lux magna de oculis eius tanquam choruscus magnus.

Symeon audiens autem hec respondit. O beata mulier que digna fuisti hoc nouum visum et sanctum videre ac predicare, et ego felix sum qui hec audierim licet non uiderim sed tamen crediderim. Dicit illi obstetrix Habeo tibi indicare adhuc rem mirabilem ut stupeas. Respondit Symeon Indica domina, quod hec audiendo gaudeo. Dicit ei obstetrix Illa ⟨hora⟩ qua tuli infantem in manus meas vidi eum mundum corpus habentem et non coinquinatum sicut solent homines cum immundicia nasci. et existimaui in corde meo ne casu intus in matrice puelle fetus secandi (secundi) remansissent. solet enim mulieribus contingere in partu et ex ea causa periclitari et deficere animo. Statimque vocaui Ioseph et dedi infantem in manibus eius Et accessi ad puellam et tetigi eam et inueni eam mundam a sanguine. Quomodo autem referam? quid dicam? Non mecum conuenio. ignoro quomodo possim narrare tantam claritatem dei viui. Tu autem domine testis es mihi quod tetigi eam manibus meis et inueni hanc puellam que genuit, virginem non solum a partu sed et ⟨ ⟩

75 New.

lux paulisper in sese residere cepit et assimulauit se infanti. Et in continenti splendore natus est infans sicut solent alii infantes nasci. Tunc itaque sumens audatiam inclinaui me ad puerum et postquam adoraui eum ausa sum tangere illum. Leuaui ergo eum in manibus meis timore simul et gaudio repleta ingenti, eo quod eum cum portarem nullum sensi omnino pondus habere. Cum uero eum circumspicerem, non erat in eo aliqua coinquinatio, sed omni gratia plenus et quasi in rore dei altissimi totus (?lotus), corpore nitidus, in portando leuis ac splendidus in respiciendo. Illa igitur hora qua tuli infantem ⟨in⟩ manus meas Respiciens uidi eum corpus habere mundissimum et nulla parte coinquinatum sicut solent alii infantes cum inmundicia nasci. Dum autem intra me stupens ualde hec mirarer, etiam animaduerti quia non ploraret sicut omnes solent homines primum nati plorare. sed insuper dum super genua mea tenerem eum intendens in dulcissimam faciem illius, risit ad me iocundissimo risu intendens oculis in me nimis argute. et subito processit ex oculis eius lux magna tanquam coruschus. 75 Et quia solet mulieribus par⟨i⟩entibus aliquocies contingere cogitaui in corde meo ne casu aliquo intus in matrice puelle fetus secundi residissent et ex ipsa cura eam periclitari atque animo deficere timebam. Accessi ad eam et pertrectans manibus meis inueni eam penitus ab omni non solum sanguine sed etiam aliqua corporis pollucione uel macula omni genere esse mundissimam. Sed quomodo hec referam? Vel quid dicam? Non me tante gracie condignam inuenio quo possim enarrare tanta dei magnalia que in hoc uidi partu deifico. Tu autem, domine deus magne et misericors, testis mihi es quod manibus meis tetigi diligentius eam, inuenique hanc puellam que genuit hunc puerum esse uirginem non solum ante partum sed etiam post natum ex ea masculum. Igitur cum hec omnia ita uidissem, exclamans uoce magna benedixi dominum deum Israel ac magnificaui.

Cum autem hoc audiuisset ab ea Symeon, mirari cepit ac dicere O beata es, mulier, que digna habita es hanc nouam uisionem uidere et predicare. Ego quoque felicem me estimo qui hec audire, licet non uiderim, et credere me sentio.

**75 as A, but altered in order and with omissions.**

sexu hominis masculini. In ipsa hora exclamaui voce magna et glorificaui deum et cecidi in faciem meam et adoraui eum. Post hoc processi foris. Ioseph vero involuit infantem pannis et posuit in presepio.

76 Dixit ad eam Symeon Dedit tibi aliquam mercedem? Respondit obstetrix Ego magis debeo mercedem et graciam et oracionem et promisi sacrificium inmaculatum deo offerre qui dignatus est me huius sacramenti inspectricem et consciam esse. Nam ego per me ipsam munus offero pro muneribus que offeruntur in templo domini.

Et hec dicens ait ad discipulam suam Filiola tolle cathedram et eamus. Hodie enim vidit mea senectus parturientem sine doloribus et virginem peperisse. si tamen debeat dici hic partus. Suspicor enim in animo meo quod tradidit se voluntati dei qui permanet in secula. Et hec dicens ibat cum illa.

77 Factum est ergo dum ambulant occurrit eis alia obstetrix nomine Salome et salutauerunt se inuicem. Dicit ei obstetrix Nouam rem habeo tibi dicere, Salome. Illa respondit. Quid tale est? Obstetrix dicit Virgo peperit masculum, et natura virginis clausa permanet, quod difficile aliquando visum est. Dicit ei Salome Viuit dominus plane quia nisi ipsa probauero non credam virginem peperisse. Ait illi obstetrix Eamus pariter ad eam. cumque introissent ad Mariam dixit ei Salome. Filia, tu patere ut conspiciam te et cognoscam si hec que Rachel dixit michi vera sunt. Cum hoc permisisset Maria, in conspectu suo scrutauit diligenter, et ita inuenit quemadmodum dixerat ei obstetrix.

78 Ut autem abstraxit manum suam dexteram ab inspectu subito arefacta est ex splendore nimio. Et pre dolore cepit

76 New. 77, 78 Prot. xix. 3, xx. Ps M. xiii. 4.

Statim autem obstetrix dedit infantem in manus Ioseph. Ioseph uero inuoluit eum in pannis et posuit ibi in presepio.

76 Tunc dixit ad obstetricem Symeon Ergo quam mercedem tibi dabimus? Respondit illa Magis autem ego debeo mercedem laudacionis et gratiarum acciones inpendere deo meo qui me dignam facere dignatus est huius tanti sacramenti inspectricem esse et ministram Et quia promisi me sacrificium inmaculatum offerro in templum domini Magis ego memetipsam offerro munus pro muneribus deo omnipotenti.

Et cum hec dixisset obstetrix, ait ad di⟨s⟩cipulam suam Tolle filiola cathedram nostram et abeamus. hodie enim uidi in mea senecta mirabile dei, scilicet uirginem parientem et sine omni dolore enixam infantem. Vere enim agnosco de hac puella quod tradidit se uoluntati dei, cuius timor castus permanet in seculum seculi. Hec itaque cum locuta est recesserunt utreque a loco.

77 Factum est autem illis abeuntibus [ut] occurrit eis in uia alia obstetrix cui nomen erat Salome. Cui dicit Zelam Nouam rem habeo tibi dicere, O Salome. at illa Quid itaque est? Illa respondit Virginem uidi hodie enixam masculum filium, et naturalia uirginis integra et clausa permanentia sunt, quod nunquam ante hoc in mundo uisum est nec auditum. Dicit ei Salome Et est uir quem uirgo peperit? Respondit altera Virgo igitur uirum peperit. Dixit itaque Salome Viuit dominus quod non credam unquam uirginem peperisse nisi ipsa probauero mittamque ipsa manus meas diligenter perscrutans eam. Et ait ei Zelam Eamus itaque reuertentes ad eam pariter. Et cum peruenientes introissent iterum ad Mariam Dicit ei Salome Patere ut te perspiciam, domina, quatinus agnoscere ualeam si uera sint que mihi Zelam de te indicauit. Cumque Maria libenti animo permisisset, mittens Salome manum suam diligentissime eam perscrutari cepit et ita omnia inuenit quemadmodum ei Zelam obstetrix dixerat.

78 Ut autem manum suam abstrahere ad se uoluit, statim arida facta est. Etenim pre nimio dolore anxiata clamare

76—78 as A.

vehementissime angustiari, et flens clamabat dicens Ve iniquitati et incredulitati mee quoniam temptaui dominum, et ecce manus mea ardet ab igne. Et figens genua coram domino dixit. Domine deus patrum meorum memor esto mei quoniam ex semine sum Abrahe Ysaac et Iacob Ne modo prodigium hoc facias filiis Israel. et redde me pauperibus tuis, domine. tu nosti quod semper te timui et in tuo nomine hiis omnem curam exhibui et omnes pauperes sine accepcione curaui vel si tribulacionem intuli et mercedem meam a te expectaui. a uidua et orphano nichi⟨l⟩ accepi et inopem a me vacuum non dimisi. et ecce misera facta sum propter incredulitatem meam quoniam audenter accessi temptare virginem tuam que peperit magnum lumen. virgo post partum permanens.

**79** Et cum hec loqueretur apparuit ante eam iuuenis splendidus dicens ei. Salome accedens ad puerum adora eum. infer manum tuam et continge, et ipse eam saluam faciet. quia ipse est qui te saluabit saluator mundi et omnium spes credencium in eum.

Et confestim accedens Salome ad puerum dixit Domine, tangamne te an primum adorem te?

Et adorans infantem tangit fimbrias pannorum in quibus erat involutus, statimque sana facta est manus eius. Et exiens foris clamare cepit magnalia virtutum que viderat et que passa fuerat et quemadmodum curata est, ita ut ad predicacionem eius multi crederent dicentes Hic puer qui filius dei est Rex natus est in Israel.

**80** Iter autem facientibus obstetrice et Salome facta est vox

**79** Ps M. xiii. 5. (Prot. xx.)
**80** Prot. xx. 4.

cepit, flere ac dicere. Ve ue iniquitati et incredulitati mee, que temptare presumpsi dominum deum. ob hoc ecce manus mea temeraria ardet igne inuisibili et inconparabili. Tandem autem rediens ad se ipsam fixit genua sua in orationem ad dominum his uerbis deprecans Domine deus Israel, memento patrum meorum et miserere mei quoniam sum ex semine Abraham, et non facias me prodigium in Israel que semper te timui et pro tuo nomine curam pauperibus orphanis ac uiduis semper exibui. Domine, tu scis quomodo omnes pauperes tuos sine ullius rei acceptione studui curare, nichil unquam mercedis a quoquam accipiens. inopes uacuos non dimisi. Et ecce propter meam incredulitatem misera ipsa facta sum propter quod audacter presumpsi accedere et temptare uirginem tuam que mundo lumen magnum hodie peperit Et post partum uirgo permanebit

**79** Cum autem hec orando loqueretur, apparuit ante eos iuuenis facie splendidus, qui dixit ad eam Si uis tibi, mulier sanitatem perditam redintegrare, accedens ad natum puerum infer illi manum tuam, et ipse eam saluam faciet, quia ipse est saluator mundi atque uita et gaudium omnium in se credentium. Et hec dicens disparuit

Confestim autem Salome accedens ad presepe in quo reclinatus infans iacebat adorauit primum prostrata in terram dixitque cum tremore.

Domine rex nate, redime me a calumpniis hominum ut predicare merear aduentum tuum gloriosum in hunc mundum, et fac me dignam tangere presepe tuum splendidum et honorabile quatinus recuperetur manui mee sanitas quam per incredulitatem meam amittere merui.

Et hec dicens cum manu extenta tangeret presepe et pannos infantis statim pristine sanitati restituta est manus eius. Exiens autem de spelunca clamare cepit uoce magna et dicere Iste puer qui hic hodie natus est filius dei uerus et rex Israel est.

**80** Cum autem egresse essent inde ut reuerterentur dixit Zelam obstetrix ad Salome Vide ne indicaueris ulli homini

79, 80 as A, with expansion in 79.

dicens Salome, vide ne ultra dixeris que vidisti mirabilia donec intret puer in Ierusalem.

81 Ioseph autem procedens de spelunca in atrio dixit O noua ciuitas O peregrinus partus. quomodo factus sum ego pater ignoro, quoniam ecce hodie natus est mihi filius qui est omnium dominus. Hoc cum diceret exiit ad viam foris dicens Iustum est mihi hodie aliquid querere ad victum nostrum preterea dum sit natalis pueri huius. Credo enim quod hodie in celis gloria magna colitur et gaudium est uniuersis archangelis et omnibus virtutibus celorum. ideoque iustum est mihi hunc diem iustificare in quo gloria dei apparuit in omnem terram.

82 Et cum hec diceret vidit pastores venientes et ad alterutrum dicentes Circuimus ecce totam Bethleem et non inuenimus quod dictum est nobis extra ciuitatem Intremus ergo et in hiis locis queramus proximis. Dixit ad eos Ioseph Numquid agnum aut hedum venalem habetis vel gallinas vel oua? at illi dixerunt ei Nichil horum sic habemus nobiscum. Dixit eis Ioseph Nec herbas rusticas aut caseum? Responderunt ei O homo, quare derides nos? Propter aliam rem magnam venimus, et tu nos interrogas de rebus venalibus. Dicit eis Ioseph Quid est propter quod venistis? At illi dixerunt Si audis miraberis. Dicit eis Ioseph Si dixeritis mihi et ego vobis dicam rem mirabilem quam habeo in hospitali meo.

83 Dicunt ei pastores In hac nocte que transiit vigilantes sedebamus in monte et luna orta est clara tanquam dies serenus, nos autem secundum consuetudinem custodiebamus pecora nostra propter fures uel lupos, et eramus nobis inuicem fabulas narrantes. alii autem cantantes et in inuicem nos abalienantes. et valde leti eramus in illa hora. Cum autem hec inter nos agerentur subito apparuit nobis vir magnus et potens ab oriente veniens Venit ergo ad nos circumfulgens in claritate dei et in circuitu eius magnam multitudinem quadrigarum vidimus, cumque vidissemus nimio pauore perterriti cecidimus in facies nostras. Illa (Ille) autem magna voce dixit nobis Nolite timere pastores. ecce enim veni ad uos euangelizare vobis claritatem dei et gaudium magnum non solum vobis sed

81—83 New.

omnia mirabilia domini que uidisti hodie usquequo puer ueniat in Ierusalem.

81 Post hec autem Ioseph egressus de spelunca illa processit et stetit in atrio ciuitatis et clara uoce dixit O peregrina ciuitas. O nouus hodie partus. Et quomodo factus sum ego pater ignoro, quoniam ecce natus est dominus uniuerse creature. Iustum est igitur hodie cum sit natalis talis pueri Et nos procurare aliquid ad uictum nostrum. Credo enim quod hodie in celis gloria sit et gaudium magnum uniuersis angelis et archangelis et omnibus uirtutibus oculorum (celorum) eorum. Ideoque est oportunum et mihi diem hunc glorificare in quo gloria dei apparuit in terra.

82 Hec autem secum cum Ioseph loqueretur uidet eminus pastores ouium tres properantes. Et cum aproximarent audiuit inter se colloquentes Ergo peragrauimus totam Bethleem et necdum inuenimus quod promissum est nobis. Eamus itaque extra ciuitatem Forte in istis proximis locis reperiemus gaudium de quo dictum est nobis

Audiens hec Ioseph accedens ad eos sic locutus est Dicite mihi, propter quid uenistis?

83 Qui dixerunt ad eum Ista nocte que iam transiit uigilantes uigilias noctis circa pecora nostra eramus consistentes in monte, et ecce orta est luna clarissima quasi esset dies serenus

Et cum de hac luce admodum leti et exhilarati inuicem nos cohortantes gratularemur, subito apparuit nobis uir quidam magnus et potens ab oriente descendens ad nos, habens in circuitu suo magnam multitudinem quadrigarum. Nos autem ut eum uidimus ita uenientem ad nos nimio pauore perterriti cecidimus in terram. Ille autem cum magna uoce locutus est nobis dicens Nolite timere, O pastores, propter aduentum meum, quia ecce ueni euangelizare claritatem dei et gaudium

81—83 as A, with omissions.

et omnibus gentibus, qui⟨a⟩ est ⟨natus⟩ hodie Christus dominus qui est saluator omnium virtutum celorum et hominum. Ecce hodie manifestatus est in Bethleem ciuitate Dauid. Itaque ite et inuenietis eum pannis inuolutum et positum in presepio. Ipse est enim filius dei qui venit dare gentibus et omnibus in eum credentibus vitam eternam. Et cum hec dixisset nobis audiuimus voces multorum de celis angelorum cantancium et dicencium Gloria in altissimis deo et in terra pax hominibus bone voluntatis.

Hec autem dicebant cantantes sed et alia multa. et ideo huc venimus ut respiciamus hec. videamus et donum dei secundum quod dictum est nobis.

84 Hoc audito Ioseph dixit. Non mihi continget ut ego vobis abscondam hoc mysterium Venite itaque et videte. Ecce enim ipse puer qui natus est hic est in hospicio meo. Ipse est Christus dominus. Dicunt ei pastores Benedicte homo ostende nobis ipsum puerum. Dicit eis Ioseph. Venite et videte ubi positus est in presepio. Qui abierunt simul.

Cumque intendissent in presepio et uidissent puerum procidentes adorauerunt eum. dixeruntque ad Ioseph Vidimus puerum dei graciá plenum. nos autem adorabimus archanum eius. Ipse autem respiciens nos risit iocundissime per effigies multas semper species mutans. Primum ostendit se nobis quod sit iocundissimus, quod sit austerus et timendus, sit suauissimus et humanus Iterum vero pusillus et magnus. Et subito cum aperuisset oculos, ex oculis illius lux magna et de ore eius exiit odor suauissimus. Dixerunt ergo ei O beatissime homo, qualis tibi natus est filius qui te saluum faciat. Et quia nos dignatus es cum pace suscipere et permisisti nos in domum tuam introire et dei claritatem uidere, petimus te ut venias in conuentum omnium nostrum, ut simul iocundemur, quia uniuersi pastores offerimus munera deo omnipotenti. Unde rogamus te ut non fastidiaris venire, ut hodie nobiscum epuleris.

84 New.

magnum attuli uobis, non solum autem uobis sed et omni populo. cunctisque gentibus terrarum, quia hodie natus est nobis in Israel Christus magnus qui est saluator omnium uirtutum celorum et hominum in mundo. et ecce hodie manifestabitur in Bethleem. Ite ergo illuc, et inuenietis eum pannis inuolutum et positum in presepio animalium, qui est uerus filius dei et ipse uenit dare pacem gentibus et uitam eternam. Hec adhuc eo nobis loquente Audiuimus uocem magnam de celis multorum angelorum cantantium et dicentium Gloria in altissimis deo et in terra pax hominibus bone uoluntatis.

Hec autem et alia que erant ad audiendum dulcia cantantes dicebant. et ideo huc properauimus ut uideamus et recipiamus donum dei secundum quod dictum est nobis.

84 Respondit autem eis Ioseph Et mihi igitur absit ut gloriam dei abscondam nec celem uobis misterium cuius factus sum con⟨s⟩cius et minister Venite itaque et uidete gratiam domini. Ecce enim ipse puer qui hodie mundo nasci dignatus est hic in mea mansione uideri potest. Dixerunt pastores O homo benedicte, ostende nobis ipsum puerum ut eum possimus adorare. Dicit eis Iosep Ergo intrate et uidete eum positum in presepio. Cui (Qui) ingressi uiderunt puerum in presepe uagientem, et procidentes adorauerunt eum. Post hec egressi ad Ioseph dixerunt Vidimus itaque puerum gratia dei plenum, quem cum adoraremus aperuit in nos oculos suos arrisitque nobis iocundissime Mutauit autem etiam effigiem Et primo se nobis ostendebat hylarem atque iocundum, deinde austerum et metuendum. Hinc suauissimum et humanum Postea uero pusillum et magnum. Cumque leuaret in nos oculos suos, subito processit ex oculis eius lux magna Et de ore eius odor suauissimus egrediebatur. O beatum te hominem, cui talis filius hodie natus est. Et quia nos in pace suscepisti et permisisti in domum tuam intrare et dei claritatem intueri Petimus ut digneris ad conuentum humilitatis nostre una uenire, quatinus simul de benedictione domini iocundemur, quia uniuersi pastores hodie munera domino deo omnipotenti oblaturi sunt. Rogamus ergo te ut non tibi sit fastidium uenire nobiscum Ut epulemur hodie in domo.

84 New.

85 Dicit eis Ioseph. Bene quidem fecistis quod ita locuti estis. Ago gracias, mihi autem non est iustum venire uobiscum et relinquere puerum cum matre eius. sed plane scitote me vobiscum esse. Dicunt ei pastores. Ergo quia tibi sic placuit nos pergimus, et mandamus tibi pingue lactis et recentes caseos. dicit eis Ioseph Ite cum pace. at illi abierunt gaudentes et glorificantes deum, asserentes hoc quod angelos viderunt in media nocte ymnum dicentes deo et ab ipsis audierunt quod natus saluator hominum esset qui est Christus dominus in quo restitueretur salus Israel.

86 Tercia autem dies tunc erat. ad ipsum vero presepium bos et asinus genua flectentes adorabant. Tunc impletum est quod dictum ⟨est⟩ per Ysaiam prophetam Agnouit bos possessorem suum et asinus presepium domini sui. Ipsa autem animalia in medio habentes eum flectebant genua adorantes eum ut impleretur quod dictum est per Abacug prophetam dicentem In medio duorum animalium innotesceris. In eodem autem loco commorati sunt cum infante tribus diebus. Sexta autem die Bethleem ingressi sunt ⟨et ibi⟩ compleuerunt septimum diem. Octauo autem die circumcisione completa nomen accepit quo vocatus est ab angelo infans. Postquam autem dies purgacionis illuxit habuerunt nota (uota) pauperum quod non fuerat eis supplementum diuitum.

87 Ioseph autem post dies paucos id est die tredecimo [ ] respiciens ad viam itineris vidit turbam viatorum veniencium ad speluncam.

88 Nam et stella ingens a vespere usque ad matutinum super speluncam splendebat, cuius magnitudo nunquam visa fuerat ab origine mundi. Nam et prophete qui erant in Ierusalem dicebant hanc stellam indicare natiuitatem Christi qui restaurare promissus est non solum Israel sed et omnes gentes.

88*a* Venerunt autem ab oriente in Iherosolimam ⟨magi⟩ munera deferentes magna, qui instanter interrogabant Iudeos dicentes Ubi est rex Iudeorum qui natus est? Visa ⟨enim⟩

85 New. asserentes—salus Israel, Ps M. xiii. 6. 86 Ps M. xiv, xv. 1.
87 New. 88 Ps M. xiii. 7. 88*a* Ps M. xvi. 1, 2.

85 Respondit eis Ioseph et dixit Gratias quidem ago quod ita locuti estis. sed mihi iustum non uidetur in presenti ire uobiscum et relinquere puerum cum matre sua. Verumptamen plane scire uos uolo nos uobiscum esse. Dixerunt ei pastores Cum ita tibi placet, ecce transmittemus huc pinguedinem lactis et mellis et recentes caseos, postulantes quod hec recipere non renuas. Tunc dixit eis Ioseph Ite in pace domini cum benedictione. Illi autem abierunt gaudentes et glorificantes deum.

86 Illis siquidem recedentibus erant ad ipsum presepe Bos et asinus iugiter genu flectentes et adorantes dominum. Tunc adimpleta est prophecia quam predixit deus per Ysaiam prophetam Agnouit bos possessorem suum et asynus presepe domini sui. Ipsa autem animalia in medio eum habentes non cessabant genua sua flectendo adorare ut adimpleretur etiam prophecia Abacuc dicentis In medio duorum animalium innotesceris.

87 Adhuc autem illis in eodem loco degentibus post aliquot dies Ioseph ex eadem spelunca egressus et respiciens ad uiam rectam orientis uidit eminus uenientem non modicam turbam comeantium uiatorum equitum et ad speluncam properantium.
88 Nam et stella ingentissimi fulgoris splendebat iugiter [et] ad speluncam a uespertino tempore usque in matutinum, que nunquam antea uisa est ab origine mundi. sed et prophete qui fuerunt eo tempore in Ierusalem dicebant hanc stellam natiuitatem regis Christi indicare qui aduenirеt nascens restaurare non solum gentem Israel se⟨d e⟩t omnes gentes mundi.

85 New. 86 Ps M. xiv. 87 New. 88 Ps M. xiii. 7.

eius in oriente stella [et] cognouimus eius aroma (? horoma, horama), venimusque adorandi eum gracia.

Hec opinio perueniens ad Herodem regem turbauit eum et ita terruit ut mitteret ad scribas et Phariseos et doctores populi et inquireret ab eis ubi nasciturum Christum prophete predixerunt. At illi dixerunt ei secundum quod scriptum est quod in Bethleem Iuda que non est minima in principibus Iuda exiret dux qui regeret populum Israel. Tunc Herodes rex vocauit eos ad se et diligenter exquisiuit ab eis quomodo apparuisset eis stella. et dimisit eos, rogans ut diligenter inquirerent et dum inuenirent sibi renunciarent ut et ipse veniens ipsum adoret collatis sibi muneribus optimis promiscuis atque plurimis Euntibus autem in via apparuit stella et quasi ducatum prestaret antecedebat eos quousque peruenirent ubi erat puer. Videntes autem stellam hauserunt (habuerunt?) maximam leticiam.

89 Ioseph autem videns eos dixit Putas qui sunt hii qui veniunt huc ad nos? Vide⟨n⟩tur mihi de longinquo venientes huc appropiare. Igitur surgam et vadam obuiam eis. Ergo cum procederet dixit ad Symeonem. Videntur mihi isti qui veniunt agnos (augures) esse. Ecce enim omni non cessant momento respiciunt et inter se disputant. Sed et peregrini mihi videntur esse quod et habitus eorum differt ab habitu nostro; quin illorum vestis amplissima est et color fuscus, Denique et pilleos habent in capitibus suis et in pedibus eorum sunt sarabee velud opere deficientes. Ecce steterunt et me intenderunt. ecce iterum huc veniunt. Cum ergo peruenissent ad speluncam ait ad illos Ioseph Qui estis vos? Dicite mihi. Illi autem audaciter introire volebant. Nam et direxerunt se introire. Et dixit ad eos Ioseph Per uestram salutem dicite mihi qui estis, quod sic vos dirigitis in hospicium meum? Et illi dixerunt Quia noster dux hic coram nobis intrauit. unde quam ob rem interrogas nos huc misit ⟨ ⟩ Dixit eis Ioseph Rogo uos ut mihi dicatis cuius rei causa huc venistis. Dicunt ei illi Dicimus tibi quod salus communis est.

90 Videmus(-imus) in celo stellam regis Iudeorum et venimus adorare eum, quia sic scriptum est in libris antiquis de signo

89, 90 New.

89 Dixit igitur Ioseph ad Symeonem Qui[s] putas sunt isti qui huc festinant ad istam speluncam? De longinqua enim regione uidetur mihi illos aduentare, quoniam et ⟨h⟩abitus ipse eorum a nostro habitu differt. Nam uestimenta eorum amplissima erant et color corporis eorum fuscus. Denique et pilleos habebant in capitibus, et in pedibus caraballa (saraballa) uelut opere indeficienti. Dixit ergo Ioseph. Surgam et procedam in obuiam hominibus istis. uidentur enim mihi inter eos quidam augures esse. Ecce enim omni hora in celum aspiciunt, indeque disputantes sunt

Cum autem hec Ioseph dixisset, concito gradu uenientes tetenderunt ad speluncam Dixitque eis Ioseph Per uestram salutem dicite mihi, qui estis uos, et qua causa duxistis iter uestrum huc ad hospitium nostrum? Illi autem dixerunt ad eum Quia dux nostri itineris introiuit huc ante nos. Ab oriente enim uenimus, et deus nos misit huc

Causa autem nostri aduentus salus communis est.

90 Vidimus enim in regione stellam claritatis inmense de celo super regem nuperrime natum huius gentis Iudeorum effulgere,

89 New. Matter transposed. 90 New.

stelle huius quod cum hec stella apparuerit nascetur rex eternus et dabit iustis uitam inmortalem. Dicit eis Ioseph Iustum erat ut primum Iherosolimam inquireretis, quod ibi est sanctimonium domini. Responderunt ei Fuimus Iherosolimam et indica⟨ui⟩mus regi quod Christus natus est et ipsum querimus. Ille vero dixit nobis Ego quidem ignoro ubi natus sit. continuo vero misit ad omnes inquisitores scripturarum et ad omnes magos et ad principes sacerdotum et doctores, et venerunt ad eum. Interrogauitque eos ubi Christus nasceretur. At illi dixerunt In Bethleem Iude. Sic enim scriptum est de illo Et tu Bethleem terra Iuda non eris minima in principibus Iuda. ex te enim exiet dux qui regat populum meum Israel. Quod nos ut audiuimus cognouimus et venimus adorare eum. Nam et hec stella que apparuit precessit nos ex quo profecti sumus. Herodes vero cum audisset hos sermones timuit et occulte inquisiuit a nobis tempus stelle, quando apparuit et nobis euntibus dixit. Inquirite diligenter, et cum inueneritis eum renunciate mihi ut et ego veniam et adorem eum.

91 Deditque nobis ipse Herodes dyadema suum quo utebatur in capud suum. Hoc autem dyadema mitram habet albam. et anulum regalem gemmam habentem, signum incomparabile quod rex Persarum ei munus misit, precipiens ipse nobis Herodes dare munus hoc puero. Nam et ipse Herodes promisit se munus ei offerendum si reuersi fuerimus ad eum. Et accipientes munera profecti sumus ab Iherosolima. Et ecce stella que apparuerat nobis precessit nos ex quo profecti

91 New.

et uenimus huc adorare eum et ei munera nostra offerre. Scriptum est enim in libris antiquissimis de signo huius stelle, quoniam quando hec apparuerit mundo nascitur rex eternus qui dabit iustis uitam inmortalem. Respondit eis Ioseph et dixit Oportebat quidem uos ut hunc Regem natum quem dicitis primum in Ierosolima regia ciuitate requir⟨er⟩etis ubi est templum et sanctimonium domini. Illi autem dixerunt ei Et nos quidem in Ierosolima[m] fuimus, et locuti sumus ei qui ibi regnum habere uidetur, et indicauimus ei quia Christus in regno suo reuera natus est, quem nos utique adorare et muneribus adho⟨no⟩randum de patriis nostris profecti requir⟨er⟩emus. Ipse autem respondit siquidem (se quidem) ignorare locum ubi nasci eum oporteret, sed continuo misit et conuocari ad se precepit omnes inquisitores scripturarum omnesque magos et uniuersos principes sacerdotum et doctores legis eorum. Qui cum uenissent ad eum interrogauit eos diligentissime rex ubi Christum nasci sperarent. At illi responderunt ei dicentes In Bethleem ciuitate Iuda, quia scriptum est de illa olim in prophetia Et tu Bethleem terra Iuda nequaquam minima es in principibus Iuda. ex te enim exiet dux qui regat populum meum Israel. Tunc ergo rex ille cum audisset sermones istos ab eis timuit, et conuocans nos ad se in secreto diligenter inquisiuit a nobis tempus quando primum nobis stella aparuisset. Cui cum consequenter ad inquisita responsum daremus, precepit nobis dicens Euntes igitur studiose querite natum puerum in ciuitate Bethleem Et cum eum inueneritis renuntiate mihi iterum huc uenientes Ut et ego possim simul uobiscum ad eum ire et muneribus meis eum adhonorare.

91 Dedit etiam nobis diadema suum quo ipse ante in capite suo utebatur, simul et anulum manus sue Regalem gemmam in se habentem, quem rex Persarum ei miserit iamdudum, signum incomparabile, precipiens nobis hec munera dare puero usquequo ipse ueniens per se ipsum sua ei dona nobiscum offerat. Tunc nos acceptis his ab eo mandatis huc profecti sumus. Et ecce stella que nos antea duxerat precedebat nos ad istum locum, et iam hic restat super speluncam

91 New.

sumus ab Iherosolima usque in locum istum. Et ecce in hac spelunca intrauit in qua tu stas et non permittis nos ingredi. Dicit eis Ioseph Ego iam uos non neco(-go). sequimini illam, quia deus est dux uester. Preterea non tantum uester sed et omnibus quibus uoluit manifestare gloriam suam. Hec audientes magi introierunt et salutauerunt Mariam dicentes Aue gracia plena, et accedentes ad presepium inspexerunt et viderunt infantem.

92 Ioseph vero dixit Symeon fili, intende et vide quid faciant isti peregrini intus. me enim non decet insidiari eis. Et fecit sic. Et dixit patri suo Ecce introeuntes salutauerunt puerum ceciderunt que in faciem super terram. et more barbarico adorant eum singulatimque osculantur pedes infantis. Quid est hoc quod faciunt? ignoro. Dicit illi Ioseph Vide diligenter. Respondit Simeon Ecce aperiunt thesauros suos et offerunt ei munera. Dicit ei Ioseph Que illi offerunt? Symeon respondit Suspicor quod illa munera ei offerunt que misit Herodes rex. Nam ecce obtulerunt ei de peris suis aurum thus et mirram. et Marie multa munera dederunt. Dixit ei Ioseph Valde bene fecerunt viri isti in hoc quod non gratis osculati sunt infantem et non sicut pastores illi nostri qui sine muneribus huc venerunt. Iterumque dicit ei Intende diligencius et uide quid faciant. Intendens ergo Symeon dicit Ecce iterum adorauerunt puerum, et ecce huc exeunt.

93 Illi autem exierunt et dixerunt ad Ioseph O beatissime vir, nunc scies quis est hic puer quem nutris. Dicit eis Ioseph Suspicor quoniam filius meus est. Dicunt ei illi Maius est nomen eius quam tuum. Sed forte ita est quod tu dignus es nominari pater illius quoniam seruis ei non quasi filio tuo sed ut deo et domino tuo. et tangens eum manibus tuis obseruas cum magno timore et diligencia. Noli ergo nos quasi ignorantes attendere. illud a nobis cognosce quoniam cui tu assignatus es nutritor, ipse est deus deorum et dominus dominancium, deus et rex uniuersorum principum ac potestatum, deus angelorum et iustorum. ipse est qui eruet omnes gentes in suo nomine, quoniam illius est maiestas et imperium et ⟨confringet⟩ mortis aculeum et dissipabit inferni potestatem.

92, 93 New.

hanc. Et cur nos non permittis illo intrare? Dicit Ioseph Ego quidem non prohibebo uos sequi ducem itineris uestri, quia deus dux uester est, quibus se uoluit ita manifestare. Hec dicente ad eos Ioseph magi introierunt in speluncam, salutaueruntque Mariam dicentes Aue domina dignissima, omni gratia plena. Accesseruntque ad presepe in quo iacebat deus et uiderunt infantem et adorauerunt deum.

92 Dixit itaque Ioseph ad Symeonem Intende diligenter et uide que uelint facere peregrini isti
Dum autem respiceret Symeon dixit Pater, ecce introeuntes adorant infantem, ceciderunt que proni in faciem suam, atque singuli ipsorum osculantur pedes eius

sed et apertis thesauris suis quos secum detulerunt offerunt ei munera. At Ioseph Quid, inquit, offerunt? Dixit Symeon Suspicor quia illa munera que misit ei Herodes rex, nam aurum. thus. et mirram offerunt. Set et Marie etiam dona dederunt. Dixitque Ioseph Melius faciunt hi peregrini de longinquis nacionibus huc uenientes quam pastores gentis nostre qui sine muneribus huc gratis introierunt

93 Magi autem adorato intus puero diucius et oblatis muneribus suis egressi sunt dixeruntque ad Iosep. Beatissimus es uir qui dignus es puerum talem nutrire. Namque ob hoc nuncupatur (nuncupaberis) pater eius, quia seruies ei non quasi filio sed ut domino tuo. et quia tanges eum manibus tuis, et hoc cum magno timore et reuerentia. Maior (maius) est enim nomen eius quam tuum. Noli ergo nos attendere quasi ignaros, quoniam hic qui (cui) asignatus es cui (quasi) nutricius infans, ipse est deus deorum et dominus omnium dominorum rexque uniuersorum principum et potestatum ac uirtutum et dominus deus angelorum. Ipse enim arguet omnes reges et reget cunctas gentes in uirga nominis sui, quoniam ipsius est maiestas et imperium, confringere mortis

92 (with omissions), 93 New.

Illi seruient reges et omnes tribus terre adorabunt eum, et illi omnis lingua confitebitur dicens Tu es Christus Ihesus liberator et saluator noster. tu enim es deus, patris eterni virtus et claritas.

94 Dicit eis Ioseph Unde hec cognouistis que mihi dicitis? Dicunt ei magi Sunt apud nos (uos) scripture veteres prophetarum dei in quibus scriptum est de Christo quemadmodum aduentus illius habet esse in hoc seculo. Item sunt apud nos antiquiores scripture scripturarum in quibus scriptum est de eo. Nam de cetero quod interrogasti nos unde hoc nos scire possimus, audi nos. A signo stelle didicimus. hoc enim nobis solis super specie apparuit. De cuius specie nemo unquam potuit dicere. Hec enim stella que est orta designat quod regnabit stirps dei in splendore diei. et non circuibat in centro celi sicut solent stelle que sunt fixe uel eciam planete que licet certum seruent temporis cursum, hii tamen cum sint inmobiles et incerte prouidencie iste semper errantes dicuntur esse, sola autem hec est sine errore. Nam et totus polus id est celum uidebatur nobis non posse eam capere in sua magnitudine, sed neque sol potuit eam obscurare claritate luminis sui sicut ceteras stellas Ipse autem sol infirmior factus est uiso splendore aduentus ipsius. Nam stella hec verbum dei est. Quod (quot) enim stelle tot verba dei sunt. Verbum autem dei deus inenarrabile. Sicut hec stella inenarrabilis. et ipsa nobis comes fuit in via in qua iter fecimus venientes ad Christum.

95 Dixit itaque eis Ioseph In hiis omnibus dictis que locuti estis nimis iocundastis me. Peto autem uos ut dignemini mecum esse hodie. Dixerunt ei illi Rogamus te, permitte nos proficisci iter nostrum Sic enim precepit nobis rex ut cicius reuertamur ad eum. Detinuit autem eos.

96 Illi autem aperuerunt thesauros suos ⟨et⟩ ingenti⟨bu⟩s muneribus munerauerunt Mariam et Ioseph.

Qui cum vellent redire ad Herodem regem eadem nocte admoniti sunt in sompnis ab angelo domini ne redirent ad Herodem

94, 95 New. 96 Ps M. xvi, xvii.

aculeum atque dissipare inferni potestatem. Ipsi itaque seruient omnes tribus terre, et omnis lingua confitebitur eum dominum dicens Tu es Christus dominus saluator noster, quia tu es eterni patris uera uirtus et claritas.

94 Dixit eis Ioseph Unde ergo uobis alienigenis scire hec talia que profertis? Et dixerunt ei Sicut sunt apud uos ueteres scripture antiquorum prophetarum qui scripserunt de Christo et de aduentu eius in hoc seculum, similiter et apud nos sunt antiquiores scripture in quibus de Christo significatum esse manifeste cognoscitur. Sed et stelle signo nobis apparentis eius iam aduentus in mundum hunc tempus cognouimus, de cuius specie splendoris siue fulgoris nemo potest digne effari. Hec enim stella nobis orta apparuit primum in die natiuitatis pueri huius, et circuibat polum celi sola sine errore, non sicut solent hec stelle que celo fixe sunt

Cum autem eam primum contemplabamur, uidebatur nobis totum polum non posse capere eam sua magnitudine. sed neque sol ipse potuit eam sua claritate obumbrare, sed inferior factus est ⟨quam⟩ splendores illius. Nam hec stella uerbi dei est

et ipse (?ipsa) nobis comes fuit et dux in uia hac qua ambulauimus huc perueniendi ad Christum.

95 Dixit eis Ioseph Omnia que locuti estis diuiniter edocti estis. i⟨c⟩circo peto ut dignemini hic nobiscum hodie esse. Responderunt ei dicentes Magis rogamus ut benedicens nobis permittas nos proficisci, quia preceptum est nobis a rege ut uelociter inuento puero reuertentes ueniamus ad eum. qui tamen cum ab eo coacti mansissent ibi illo die epulantes letantesque de bonis domini,

96

eadem[que] nocte uenit angelus domini in sompnis et commonuit eos ne redirent ad Herodem regem sed alio itinere repedarent ad propria.

94—96 as A.

Illi autem adorantes infantem cum gaudio magno per aliam viam reuersi sunt in regionem suam.

97 Videns autem Herodes quod delusus est a magis, inflammatum est cor eius, et iratus uehementer misit per omnes vias querere et capere eos. quos cum penitus inuenire non potuisset, misit in Bethleem et occidit omnes infantes secundum tempus quod ex(quis)ierat a magis.

Angelus autem domini ante unum diem antequam hoc fieret apparuit in sompnis Ioseph dicens Tolle puerum et matrem eius et fuge per uiam heremi in Egyptum, quoniam Herodes querit animam pueri. Exurgens ergo Ioseph a sompno fecit sicut preceperat ei angelus domini.

98 Elyzabeth autem audiens quod Iohannes quereretur ab interfectoribus ut occideretur accepit eum et ascendit in montem excelsum valde. Et cepit circumspicere locum ubi eum posset abscondere. Tunc ingemuit et exclamauit cum lacrimis ad dominum dicens Domine deus tu da remedium ut suscipiat mons iste matrem cum filio. Iam enim non poterat alcius ascendere in montem quoniam excelsus erat nimis. Statimque scissus est mons et suscepit eam cum filio. eratque eis lumen magnum in eodem loco. Angelus enim domini erat cum illis qui custodiebat et alebat illos.

99 Herodes enim (autem) querebat Iohannem et misit ministros suos ad Zachariam dicens Ubi abscondisti filium tuum? Dicit eis Zacharias. Ego minister sum dei permanens in templo eius. non noui ubi sit filius meus. Reuersi sunt ministri et nunciauerunt regi. Iratus ergo Herodes dixit ad eos qui renunciauerant Deludit nos Zacharias quia regnaturus est filius eius cum Christo in Israel. Iterum remisit eos ad Zachariam dicens ei Dic mihi quod verum est, ubi sit filius tuus. Aut nescis quod sanguis tuus sub manu mea est? Venientes

97 Ps M. xvii. 98 Prot. xxii. 3. 99 Prot. xxiii.

Illi autem mane adorato domino cum leticia et gaudio magno per aliam quam uenerant uiam reuersi sunt in regionem suam.

97 Herodes autem rex cum cognouisset quod illusus est a magis, inflammatum est cor eius uehementer, et maximo furore succensus misit preoccupare omnes uias per quas eorum transitus esse sperabatur, ut ad se inuiti reducerentur. Set cum nequaquam inueniri potuissent, misit rex in Bethleem et occidere precepit omnes infantes masculos quicunque in ea ciuitate uel in suburbiis eius, necnon et omnibus late finibus eius a bimatu et infra alicubi poterant inueniri, intra uidelicet tempus quod exquisierat a magis.

Angelus autem domini ueniens ad Ioseph in sompnis dixit ei Surge accipe puerum et matrem eius et fuge in Egyptum cum festinacione, quoniam Herodes rex querit animam pueri. Ioseph itaque cum surrexisset fecit sicut precepit ei angelus domini.

98 Elizabeth autem mater Iohannis cum audisset quia et Iohannes quereretur ab interfectoribus ut simul cum aliis infantibus perderetur, accepit filium suum et fugit cum eo in montem excelsum ualde, cepitque circumspiciens querere locum ubi eum abscondere potuisset Set cum nullum ibi aptum fuge latibulum uideretur, ingemuit cum lacrimis dicens Domine deus patrum nostrorum, tu presta nobis refugium ut suscipiat mons iste matrem cum filio. Statim itaque scissus est mons et suscepit eam cum filio eius. eratque eis lumen magnum in eodem loco Angelus enim domini erat cum eis et custodiebat eos.

99 Cumque puer e (a) ministris regis quereretur ut fieret ei quod et omnibus eiusdem etatis infantibus faciebant, nec penitus inueniretur quisquam qui ubi deueniret uel mater uel filius nosset Misit rex ad Zakariam in templum domini precipiens ut proderet ubi absconditus esset filius suus. Dicit autem Zacharias ad eos qui uenerant ad se ministros regis Ego sacerdos dei sum, seruiens ei in templo sancto eius, nec noui ubi sit filius meus. Ministri autem regis cum reuersi ad eum renuntiarent ei Zacharie responsum iratus furore nimio

97—99 as A.

ergo ministri locuti sunt Zacharie verba hec que Herodes dixerat. et respondit Zacharias dicens Dicite Herodi. Hec dicit Zacharias. Ego martir sum domini dei. in testimonium dei sit quod sanguinem innocentem effundes intra limina domini. Nam spiritum meum deus suscipiet. Hec cum diceret Zacharias, incipiente luce occisus est. et ignorabant filii eius (Israel) quoniam occisus est.

**100** Sacerdotes autem secundum consuetudinem ex more salutacionis occurr⟨er⟩unt diluculo et introeuntes in templum domini expectabant Zachariam exire ad eos. ut salutarent eum et darent oracionem et ymnum altissimo. Cumque venissent timuerunt, admirantes eo quod non venisset obuiam eis. Unus autem ex ipsis sacerdotibus audaci animo introiuit in sanctuarium dei et uidet(-it) ante altare domini sanguinem Zacharie gelatum. Factaque est vox in templo dicens Zacharias occisus est, et non delebitur sanguis eius donec veniat qui eum vindicet. Cumque hoc uidisset [quod] ille sacerdos qui intrauerat uidere, timore territus fugit foris et ceteris sacerdotibus indicauit que vidit et audiuit.

Tunc ingressi omnes uiderunt quod contigerat et planxerunt cum planctu magno scindentes vestimenta sua a summo usque deorsum.

100 Prot. xxiv.

Rex dixit suis Deludit nos Zacharias quia sperat quod regnaturus sit filius eius cum Christo in Israel. Ite ergo quamtotius et interficite ipsum nisi prodiderit filium suum. Venerunt autem serui regis secundo ad Zachariam in templum domini et locuti sunt ei uerba que dixerat de eo rex. Respondens autem Zacharias dixit ad eos Euntes dicite Herodi regi Hec dicit Zacharias propheta. Ego quidem cum fuero occisus martir domini nuncupabor, tibi autem in testimonium erit quia tu sanguinem meum innocentem effundis intra limina templi domini. Nam spiritum meum suscipiet in requiem dominus. Hec cum locutus esset Zacharias ministris regis, incipiente luce sequentis diei interfectus est ab illis ibi inter templum dei et altare, et ignorabant filii Israel quomodo uel quando occisus est.

**100** Sacerdotes uero reliqui cum secundum consuetudinem hore sacrificii matutini occurrerent diluculo ut introirent in templum domini et non ueniret eis obuiam summus sacerdos Zacharias quemadmodum solitus erat, ste⟨te⟩runt foris diu expectantes donec egredientem salutarent eum, et sic darent ymnos et orationes altissimo deo. Cumque preterisset hora et minime secundum consuetudinem ueni⟨r⟩et ad eos, timuerunt ualde et alterutrum admirabantur quid rei esset quod tantum in orando tardaret exire. Unus autem ex ipsis audatior animo consistens tandem' in sanctuario domini interius introiuit. Viditque ibi ante altare domini sanguinem iam congelatum. Facta est autem et uox terribiliter sonans in templo Zacharias dei sacerdos hodie occisus est ab iniustis hominibus, et non delebitur memoria eius donec ueniat qui uindicabit sanguinem ipsius. Cumque hoc audisset ille qui intrauerat timore maximo percussus fugit foras protestatur⟨us⟩ hec quod ceteris sacerdotibus indicauit, quid in templo uiderit uel quid audierit. Tunc illi omnes ingressi cum audissent quid contigisset ante altare domini sciderunt omnes uestimenta sua a summo usque deorsum [Planxeruntque Zachariam plan⟨c⟩tu magno] Post hec autem egredientes ex templo nuntiauerunt omni populo de iniqua morte summi sacerdotis domini. Surexeruntque omnes tribus Israel ⟨planxeruntque Zachariam planctu magno⟩ tribus

100 as A.

corpus autem Zacharie non est inuentum usque in presentem diem. sanguis vero eius factus est lapis sanguineus. Et exeuntes nunciauerunt omnibus tribubus populi sui, et luxerunt eum tribus diebus.

101 Post triduum autem consilium fecerunt sacerdotes quem constituerent in locum Zacharie. miseruntque sortem, et cecidit sors in Symeonem ut ipse esset summus sacerdos. Erat enim propheta iustus annorum centum duodecim. Hic responsum acceperat a domino quod non gustaret mortem nisi videret Christum filium dei in carne.

Qui cum vidisset infantem exclamauit voce magna dicens Visitauit dominus plebem suam. Impleuit deus promissionem suam, quod iurauit Abraham Ysaac et Iacob. Et festinus adorauit eum. Post hec suscepit eum in pallio suo et adorans osculabatur plantas eius dicens Nunc dimittis seruum tuum domine secundum verbum tuum in pace. Quia uiderunt oculi mei salutare tuum Quod parasti ante faciem omnium populorum Lumen ad reuelacionem gencium et gloriam plebis tue Israel.

Erat igitur in templo domini quedam prophetissa Anna nomine, filia Phanuel, que vixerat cum viro suo annis septem a uirginitate sua. Et hec vidua erat iam annorum octoginta quatuor, que nunquam discesserat de templo domini ieiuniis et oracionibus vacans. Hec itaque accedens adorabat infantem dicens quod in illo e⟨r⟩it redempcio seculi et saluabitur Israel.

102 Iohannes autem erat cum Elyzabeth matre sua in scissura montis altissimi in deserto, et angelus dei alebat eos. et conualescebat Iohannes in deserto. Cibus autem eius erat locuste agri et mel siluestre, et uestis illius erat facta ex pilis camelorum, et zona pellicea circa lumbos eius. Vinum et siceram non bibebat. quia dixerat sanctus domini nuncius Gabriel Zacharie hunc debere Iohannem vocari, quoniam hic propheta est domini primus positus hortator gencium conuertens corda patrum in filios et incredulos ad prudenciam iustorum. Et predicabat in deserto dicens Parate viam domino rectas facite semitas dei nostri.

101 Prot. xxiv. 4. Erat enim etc. Ps M. xv. 2, 3. 102 ?.

diebus et tribus noctibus.

Corpus uero Zacharie non est inuentum super terram usque hodiernum diem. Sanguis autem eius ut diximus congelatus in pauimento templi domini Factus est lapideus in testimonium usque in presentem diem.

# THE IRISH TESTIMONY

Since 1895 there has been in print an Irish version of a good deal of the matter of our new Latin text. Father E. Hogan, S.J., in his *Legends and Homilies from the Lebar Brecc* (R. I. A. Todd Lectures Series, vol. VI) gives us the 'Legends of the Childhood of Christ' from that famous MS., with an English version, which the kindness of the Council of the Royal Irish Academy allows me to use freely here.

Quite recently further light has come from Irish sources. Mr Robin Flower in his admirable *Catalogue of the Irish MSS. in the British Museum* (vol. ii., 1926, p. 534) describes a fragmentary copy of the text published by Father Hogan, and adds some illuminating notes, among them the references to the MS Arundel 404 which led me to examine that copy.

I reprint here the relevant part of the Irish legend. Father Hogan has divided his whole volume into numbered sections, which are convenient for purposes of reference. Those which concern us more or less directly are nos. 58 to 108. A short survey of these shall now be given and the relation they bear to the Latin original pointed out.

58 is introductory. It speaks of the three Gospels of the three Christmas masses, of the Caesarian tax, and Joseph's sons, Abion, Simeon, and James of the Knees (i.e. James bishop of Jerusalem, of whom Hegesippus tells that his knees were hardened by constant kneeling in prayer). The only fragments of our source in this section are a sentence on the obligation of going to one's own city to pay tribute, and the mention of Simeon among Joseph's sons. Of Abion, apparently the eldest son, I can so far make nothing: is there a muddled memory of Ebion underlying the name?

It is also said here that James of the Knees wrote a narrative from Mary's birth to Christ's birth, and from Christ's birth to the Crucifixion. We know nothing of a post-nativity narrative by James, but we see that the Irish writer had an Infancy book under that name. It may be alluded to again in 95.

59 says that the virgin was accompanied by the five virgins, Sepphora and the rest, whose names are rather corruptly given: this is a touch from Ps Matt. and evidently intrusive. The five virgins play no part, and soon vanish entirely.

A line or two quoting Joseph's words concerning the tribute remind us of our source: but the better equivalent of what it says on this subject comes later.

The mysterious first name of Joseph, Moab, is given as Moabitus.

60. Joseph and Abion leave the others to come on slowly, and go forward to seek lodging. The greeting of Bethlehem by Joseph is expanded, with abuse of Galilee, and reflections on exile, which continue into

61, where the house is described with much additional detail.

62, 63 are occupied with the tax; particulars of it, as proclaimed by the herald, paraphrase our source. The very spirited dialogue between Joseph and the tax-gatherers I take to be Irish amplification.

In 65 it seems that Abion is taken in discharge of the tax, but he is named once more, in 73. Then we return to the source: James of the Knees and the five virgins being again extraneous.

66 employs the source in part. The date of the Birth is an addition.

67 gives first the vision of the Two Peoples, which ought to have come in earlier: it is explained by Joseph—not by an angel—in the sense given in Ps Matt. Then comes a sentence from the source.

68, 69 show a very wide divergence from the source. The whole story of the midwives is omitted. Only two elements of the source are alluded to: the silence of creation, and the light and fragrance in the cave. In 69 the Star and the adoration of the ox and ass come in, from Ps Matt.

70 has a word of Joseph to Simeon which may be suggested by the source, and Joseph's resolve to celebrate the day is taken from it.

71, 72 are a kind of hymn uttered by Joseph, in which a clause or two only recall the source.

73 *sqq.* tell the story of the Shepherds, very much as the source does: the details of the appearance of the angel, however, are much altered. Some words of Simeon are added. The Docetic touches are gone: a poetical description by the shepherds replaces them.

The statement that they had a yearly feast is put in, and among their gifts a crown of thorns is quite unreasonably included.

79 is a short homiletic addition.

In 80—95 we have the story of the Magi, again based on the source.

81 (description and names of the Magi) agrees pretty well with a paragraph in the *Collectanea Bedae*.

83, 84 show some confusion: the scribes etc. are *twice* consulted by Herod, and give the answer about Bethlehem.

In 86 is a homiletic addition.

88, 89 have a description of the 'gifts' ostensibly derived from James of the Knees: it is not known to me in any other place.

In 89 the disparaging remark about the shepherds is put into Simeon's mouth.

In 91 the Magi utter a hymn like that of Joseph; in it several clauses are taken from the source.

92, 93 deal chiefly with the Star, and expand the source considerably.

In 93 the swiftness of the Magi's journey is new. When they say "Now the names of those horses were Dromann Darii, Madian, Effan" they are quoting Isa. lx. 6, "dromedarii Madian et Epha."

In 94 the description of the Magi which we had in 81 is repeated in briefer form. Here again the source is departed from: the Magi insist on returning home. It is not well managed, for they say an angel warned them the night before, when *ex hypothesi* they were at Jerusalem, and surely they ought to have said something to Joseph about Herod's evil intentions?

95 is interesting: it quotes from the "Gospel of the Children(?)" by James of the Knees, a sentence which we do

not find in any text: and also names the *Liber de infantia*, which was under Matthew's name. The burning of the ships by Herod (elicited from Ps. xlvii. 8, "conteres naues Tharsis," by ingenious exegetes), is not part of any apocryphal text known to me, though it is well known in legend and art.

The remaining sections printed by Hogan (96—108) do not seem to come in contact with our text at any point. They are occupied with the story of the Herods (from Eusebius: v. Flower, *l.c.*) very confusingly told, and the massacre of the Innocents, in which the mothers utter lamentations in verse. To these a date as early as the eleventh century was assigned by Kuno Meyer.

We see that the Irish compiler has treated our source very cavalierly: he both adds and omits. His omissions are the significant features. Perhaps it was in deference to Jerome that the midwives were expunged. "Nulla ibi obstetrix" says he, "nulla muliercularum sedulitas intercessit: ipsa pannis inuoluit infantem; ipsa et mater et obstetrix fuit. *Et collocauit eum*, inquit, *in praesepio, quia non erat ei locus in diuersorio.* Quae sententia et apocryphorum deliramenta conuincit, dum Maria ipsa pannis inuoluit infantem, et Heluidii expleri non patitur uoluptatem, dum in diuersorio locus non fuit nuptiarum" (*adv. Helvid.*). But that doctrinal reasons caused the obliteration of the Docetic details there can surely be no doubt. The Irishman is conscious of them. He makes the shepherds say of the Child "He has done miracles and great wonders in our presence."

Besides the Leabhar Breac and the extracts in Egerton 1781 (xv. cent.) described by Mr Flower, a little more evidence from Ireland is available, and very probably yet more will be forthcoming. But it is very noteworthy that the Gospel-book written in 1138 at Armagh by Maelbrigte (now MS. Harley 1802) has one or two marginal annotations drawn from our text. The most remarkable of these was found and printed by Mr Flower (*l.c.* p. 535).

I examined the manuscript in search of others: all that I could detect are given here:

(*a*) f. 10*b*. Sciendum est autem quod duodecimo anno

etatis sue maria xpm peperit et xl · uiii° mortua est. Ideo autem ⟨de⟩ maria specialiter xps natus est quod prima uirginitatem deo optulit.

(*b*) f. 11*a* top. Tempus · s · quando (quanto) tempore retro orsa est stella magis · ideo autem curauit ut sciret etatem pueri Et misit · i · cum infola sua aurea · i · cum corona et anulo · i · cum gemma in signum adorandi cum dolo.

(*c*) *ibid.* r. margin. Legitur in euangelio secundum ebreos quod uenit ioseph foras ex diuersorio ante quam intrarent domum et admirans eos dixit ad semeon filium suum quod (*above* · i · perigrini) essent cognoscens ab habitu.

On 11*b* is a note. hir · (i.e. Hieronymus) Et recessit in eg(yptum) · i · in eliopolim uel in erimopolim · i · ci(uitatem) egip. in qua idola comminuta sunt in......

The number of the Innocents is given as ii milia et cxl. xx enim campi sunt circa betlem et occisi sunt · c · in unoquoque ex eis · c · autem et xl. in ipsa ciuitate. This is in close but not exact agreement with L B §§ 102, 103 (Hogan). There is also a note on 10*b* of the names of the Magi and their meaning, which agrees more or less with the *Collectanea Bedae*.

Of the above notes the third (printed by Mr Flower) is much the most interesting. There can be no doubt of its derivation from our source, and it gives a name, and a very sensational one; the Gospel according to the Hebrews. Unfortunately, as I have said, we cannot credit the writer with having had before him our source in a separate form. What he had before him was the compilation (or something like it) which is now printed, and it was the compilation which he called the Gospel according to the Hebrews. By which I cannot doubt that he meant the book ostensibly written by S. Matthew in Hebrew, which we call the Liber de infantia or Pseudo-Matthew: for titles like this, or "Gospel of the Nazarenes," were rather freely dealt out by medieval scholars to such books as the Gospel of Nicodemus.

The real importance of these notes is that they prove that our text was current in Ireland early in the twelfth century.

# THE BEGINNING OF THE STORIES OF THE GOSPELS

58. For they are three Gospels that are read and sung in Christian churches on Christmas night. This is (the) night in which was born Jesus Christ the Saviour of the seed of Adam. Luke the Evangelist indeed, the sage, the perfect sage and chief pupil of the Apostle Paul, it is he that wrote the two first Gospels of them. But John the youth, bosom-fosterling of Christ Himself, it is he wrote the last of them: it is of (from) these Gospels has been sung here truly.

True it is indeed that it was in the time of Octavius Augustus those prophesied things came, and it is then was born Christ. For when they were a-levying the Caesarian tribute through all the world, then came Joseph and Mary from Nazareth of Galilee to Bethil of Judah, i.e. to the city of David son of Jesse, for of the seed of David were Joseph and Mary, and it was not allowed (them) to pay their tribute in another place save in their own fatherland.

And so Joseph and Mary came from Nazareth of Galilee to Bethlehem of Judah, like the others, and their family, i.e. Abion and Simeon and James of the Knees, the three sons of Joseph there, and it is James of the Knees that told the narrative from Mary's birth to Christ's birth, and from Christ's birth to his crucifixion. And it is for this that he is called Christ's brother, for his being like-bearded to Christ, for the beards of both were alike. The second reason why James of the Knees was called Christ's brother (was) for his being a son to Joseph, i.e. pater Christi. And it is that James of the Knees that took the abbacy of Jerusalem after Christ in the land of Israel, and he was a sister's son to Mary; it is he that the Jews slew afterwards.

59. Mary too came thither, being pregnant from the Holy Ghost at that time; and thither came along with her the five virgins that used to be in her train for ever without being parted from her. These are the names of those virgins,

Sefur, Supstanna, Rabecca, Ratiel, Agizabeth. Why then came Mary with her virgins thither? It is not hard to tell, to pay the Caesarian tribute; for there was not in the whole world of man or woman, young or old, but paid every one that tribute. And Joseph said, when he heard the criers collecting the tribute, that it would be right to pay the tribute in respect of cattle and treasure and land, food and clothing, and all the things one possessed, out of which the tribute had to be paid. When Joseph heard of the tribute being levied, he set out with his family to pay the tribute. Moabitus was the first name of Joseph.

60. They went towards Bethlehem and Ephratah (Cornian) the city of David. It is there that the Virgin Mary was weary, for she could not ride or go (on foot) for her time was near to her then. Then Mary is left in that fortress, and James and Simeon along with her, and those five virgins.

Joseph and Abion then went on to Bethlehem of Judah to pay the tribute and to seek a lodging-house. Now when Joseph reached the middle of the city, he sat down on a large stone there, and great weakness and heaviness (?) came upon Joseph through joy and reverence, and he was afterwards dispraising the state of exile greatly, and this is what he said. "For though the exile be wealthy" quoth he "he is called poor. If however he be poor, he is hated and without honour, and he will bear the name of contemptible. I regret to-day my exile from thee, Bethlehem of Judah" said Joseph. "It is through poverty and indigence I went from thee. Ill is the land where I have been until to-day" said he (i.e. the land of Galilee) "ill its food and its folk and its humanity and bad (are) the neighbouring cities for dwelling in them, for one has not much spirit among them when once he is turned towards them."

61. So then he begins dispraising exile greatly, and much-praising his own original fatherland and said thus "Happy and righteous is every one who will not be in exile" said he.

After that Joseph went in search of lodgings across Bethlehem, and there saw a certain small single house on the outskirts out beyond the rest, being alone without house or dwelling in its neighbourhood, a little, tiny, narrow, low-roofed cabin.

He went thereupon to look at the house, and said, "It seems to me" quoth he "that this is a guests' cabin, and it is fitting for us to be in, and it is easier for the Virgin to bring forth in it, since it is far from thoughts (*gl.* outcry)[1] of men and from the summoning of the people."

62. In this wise then was that house, having on it the aspect of a little cave, i.e. a stall, in which used to be an ass and a young ox, belonging to the master of the house, and one little round stool on the floor of the house, on which the guests used to sit. "Let us stay here, son" said Joseph "for the sake of the exalted Virgin who is coming wearily towards us, and be thou here awaiting her, and I might go into the city to know if I might find in it one to whom aught of my craft may be pleasing in exchange for this night's supper."

While then Joseph was setting out to go seek for food, then he heard the voice of the crier and man of proclamation through the open places of the city, outward, who said thus "Hebrew men and children of Israel, come ye all to pay the Caesarian tribute; for Cyrinus King of Syria and the under-kings of the Roman kings are going now after a short time to Rome: and this is what he says, that all the tribute is to be brought to Rome to Octavius Augustus; and come ye all to pay the tribute in this wise, namely, your grandsons, your children, and your bondmaids, and your sons and your slaves and your tribes: and show ye your gold and your treasure and your cattle, your finery[2] and your clothes and come all in that way, and give them up to the judgment of the king and lord; and let each come according to his age, both young and old."

63. And this is why they were all brought thither, because there was not one who was not under a distinct tax according to his age. And the same herald said, "Every one that hides away from the King whatsoever he may have, let everything he conceals be taken from him, and whatever else he shall have in the world."

[1] *gl.* cogitationes. [2] *lit.* glory, decus, ornatus.

Thus was Joseph at that time standing in front of the house, and he heard the proclamation again, and said "It is enough thou proclaimest, man," said he "for everyone that shall have (anything) will give it up without resistance. Myself first among them; nought have I but my implements of trade, and they shall go to you if you will: and come to see my lodging for it is not a house at all that I have, but a certain little cave with a she ass's stall in it, and not more than two wretched poor people would it be fit to be in it." And he was greatly dispraising his dwelling.

64. The tax gatherers then went to view the house, and they saw not of furniture there save one little stool, and even that was not theirs, but belonged to the lodging house keeper, and Joseph's implements of trade. "Take them with you" said Joseph "if you wish them." "We do not at all" said they. "And no wonder that you do not wish that" quoth Joseph "it is from them that I get a little food for myself and for the Virgin who was entrusted to me in this land Israel, and that I get a little food for my family through them (the tools); and take them (*sc.* the children) in their own discharge."

65. After that discussion the tax gatherers took him (?Abion) in place of Joseph with his children, and in respect of Mary with her virgins. And after the tribute was thus taken Joseph came to the door of the house, and was looking out on the roads, and he feared that his family would be carried off by the tax gatherers. It is then that Joseph saw his family come towards him, Mary with her virgins, and James of the Knees on her left side, and Simeon on her right, and the virgins behind her. They having so arrived, Joseph said to Simeon "You are long (a-coming) good friends" quoth he: Simeon said "It is not we that delayed, but the Virgin" said he "for her time has come now, and she is weary, and every hour of her time, that she came forward, it seemed to us that she would bring forth the illustrious Offspring that is in her womb: and it is certain that she will bring forth to-night, and let all service be done by us for her."

66. Thereupon Mary came into the house, and Joseph said to Simeon "Fetch water" quoth he "and wash the Virgin's

feet, and give her food: seek then and buy everything that will please her, and certain we are, that she will bring forth to-night the new, very powerful Offspring that is in her womb; and there has not been found before Him His like, and shall not be found after Him, and no one knows but it is this Child that saves the human race."

The eighth day before the Kalends of January precisely was that night according to the day of the solar month, and thirteenth of the moon, and Sunday according to the day of the week.

And Mary having gone into the house, immediately began to pray and to make crosfigil[1], her face upwards to heaven. Then said Simeon to his father "I see the Virgin speaking" quoth he "and I see not to whom she speaks." "To the angels of heaven" said Joseph.

67. Then Joseph saw Mary weeping and in heavy dolour, and saw her forthwith rejoicing and in great joy. "What is that, Virgin" said Joseph "that at one time thou hast jubilation and joy, at another time dolours and sorrow?" She answered him "Two peoples that I see" said she "one people of them weeping and sorrowing, and the other people glad and overjoyed." "That has a special suitableness" said Joseph "i.e. those are the people of the Jews who are destined to crucify Christ and to scatter His disciples afterwards; it is they, then, that are grieving. The people of the Gentiles, again, is the other people: they are rejoicing and exulting, for it was to them it was destined to believe in Christ thereafter." Joseph said then "Go into thy bed, Virgin" quoth he "and sleep therein; and let Simeon put oil under thy feet, and rest so, till God brings birth to thee."

68. They were thus for a long space of the night, at which time James of the Knees told her the charities and the mysteries and the secrets of Christ, and somewhat of the miracles of the divine Offspring; and not more than (i.e. none but) angels or apostles, or God Himself, would be fit to tell them on account of their height and holiness, the manifest miracles in general that have been and shall be and are now.

[1] With arms stretched out in form of a cross.

But when the Virgin was bringing forth her Son, all the elements were silent and motionless without stirring, without shaking, doing homage to their Creator, for there was not in all created things aught that was not aware of the Creator but the unbelieving Jews alone.

Thereafter while Joseph was in front of the house, and Mary within the house, there came at once a shining light cloud down from heaven until it was over the cave and the city, as it were the sun that was rising over the middle of the city and cave. It is then that Mary brought forth her Son, and all the miracles were worked that we have already mentioned. For it has not come to anyone to tell or to recount them, and if it had come, it were not in vain for him.

69. Then was filled the cave with a very great fragrance as is (exhaled) from a (precious) ointment, and from wine, and from the tree-perfume of the whole world: the cave was filled with it, so that all were satisfied therefrom for a long time; and the very great and conspicuous star was seen above the cave from morning till evening, and its like was not seen before or after, nor (aught) that was equal to it.

Mary set her Son to rest thereafter with (swaddling) clothes of white linen about Him in the stall of the ass and the young ox, for no other place was found for Him in the guest-house. And the irrational creatures then recognised their creator, for they were licking Him and adoring Him, both the ass and the young ox, He being in the middle between them. Then was fulfilled what the prophet said of old, namely, Esaias[1] the son of Amos.

And when the animals had offered their licking and worship, Mary takes her Son in her bosom then, and she was perfectly healthy in body and mind, for she had no pains or birth-pangs, and there was not ache or soreness for her in body or in flesh, but as the sun's light would pass through glass, without sigh, without sickness, without harm.

70. Joseph went afterwards into the cave, and saw Mary, and her Son on her bosom; she giving her breast to Him, for she had indeed paps flowing like the gushing of spring-water.

[1] Ezecias.

Joseph came then, and Simeon, glad and overjoyed, after him; and Joseph said "Go, son" quoth he "and behold Him for whom thou wert seeking, the Saviour, on the breast of Mary His own mother, and welcome Him and be merry and cheerful to Him." And they two then bade welcome to the Son.

Afterwards came the morning of the next day, and then was fulfilled every miracle and every wonder, every prediction and every prophecy that was made in the Old Law and in the New Testament concerning the Divine Child, and it is little of His miracles and wonders that is related here.

Joseph was exultant and very joyous, praising and exalting the Divine Child thus.

Afterwards Joseph said "I had better go into the city to buy food for the Virgin and for my family, for this festival is a noble and honourable festival in heaven and on earth, for to-day was born the Lord of men and angels, and gods, and all other creatures besides.

71. To-day came into the world He through whom the world has abided (?) (or was judged).

To-day the power of the devil was weakened, and the power of the church heavenly and earthly was strengthened.

To-day was dispersed the light of wisdom and knowledge to the Israelite people who were in the darkness of ignorance and unwisdom.

To-day are glorified and honoured the holy prophets, their prophecy being fulfilled.

To-day was seated the venerated food of the angels amid the mean food of men in the stall of a she ass and a young ox.

To-day the irrational animals without intelligence have recognised their Creator: for every separate creature is intelligent towards its Creator.

To-day first appeared the kingly star to the three druids who came with it on their way to adore Jesus.

To-day has been given the supremacy and kingship of the heavenly city to a man, i.e. to Christ, Son of the Living God.

72. To-day the angels of heaven have submitted to the men of earth; for a king from (among) men has taken kingship over the angels.

To-day has been made an awful law[1] amicably between the two realms of the Lord, between heaven and earth.

To-day have been opened the doors of the Heavenly City, so that the doors of heaven are wide opened to the human race to enter and dwell therein.

To-day shall quarrels and evil sentiments be driven out of the world. For the Prophet of the Eternal Truth and the True Peace has come into it, Christ the Son of the Living God.

To-day the true love of mankind[2] has been recognised by the Heavenly Father, when the Second Person of the Godhead assumed humanity to succour them, for in bondage under the devil they died for the fault and transgression of Adam and Eve till this day."

73. Of the Tidings of the Shepherds this.

Now Joseph was for a long time thus discoursing to his sons James of the Knees and Simeon and Abion, and praising Christ, and foretelling every good thing thereafter.

And Joseph said again "It is better for me" quoth he "to go to buy a little food for the Virgin." He went then and was on the streets and causeways of Bethlehem till part (? break) of day. As he was there he saw a certain large band come towards him talking to one another. Joseph draws near to them then, till he was listening to them, and he was seeking too to buy food from them. This is what they said. "We have searched" said they "the whole city and we do not find in it Him whom we seek. Let us go then forth out of the city" said they "and let us also search if He may be outside the city without." Then Joseph said to them "Have ye any milk for sale?" said he. "We have none at all" said they. "Have ye eggs or cheese?" said Joseph.

74. "Goodman" said they "why do you come to us? It is not to trade that we have come, and it is not that that concerns us, but a marvellous strange piece of news we have" said they. "We are seeking Him and we do not find Him, for He is wonderful and strange" said they. "If He is indeed wonderful, it is He that happens to be with me in my house"

[1] *or* covenant.

[2] *Better perhaps*: To-day the Eternal Father's true love of the human race was known.

said Joseph: and he said to them then "Who are ye, and whence have ye come?" "We" said they "are the shepherds of the city of Bethlehem, and we were last night on the top of a tower in the east of the plain of Bethlehem" ( a thousand paces east from Bethlehem, a very great hill this, and there the shepherds of Bethlehem all come together keeping their cattle from dogs and thieves and other beasts, and in the nights it was usual for them to be there). "Well then we were there" said they "guarding our cattle, and all of us in one place, some of us asleep, some watching, some story-telling to one another, some singing songs and ditties, another lot sporting, and boasting, and humming, another set whistling and telling tales. Thus we were with much merriment in that fashion. After the rising of the moon towards us, as we were there at midnight, we saw a certain cloud-light from the east coming straight until it lighted all the plains of Bethlehem. Thus then was that cloud, having a comely, shining, conspicuous, venerable form in its midst, and there were many different kinds of music in that cloud, and each kind of music thereof was as sweet as another.

75. "That very great light having reached us, horror and fear seized us, and we placed our faces all against the ground. Whereupon an angelic voice said from the cloud 'Be ye not' said he 'in dread or fear, since for this I have come, to tell tidings to you and to the whole people, tidings to which its equal or like has not been found from the beginning of the world till to-night. For to-day was born the Saviour Jesus Christ, Son of the Living God, in the city of David, in Bethlehem of Judah, to succour mankind who died in Adam, God of Gods, and Heaven of men, and Power of powers, Man over men, King over kings, gentle Soldier without wrath, without pride, without pomp. Go ye to Him" said he "and ye will find Him with little (swaddling) clothes of white linen about Him, in the ass's manger.' And when he had done saying that, then uttered the angelic host that was along with him the melodious ever-sweet song, Gloria in excelsis deo et in terra pax ominibus bone uoluntatis tue. Laudamus te etc.... in gloria Dei patris. Amen."

76. The Shepherds were telling these tidings to Joseph, and they said "We have searched the city" said they "and we have not found in it Him whom we are seeking." Joseph said to them "Let not that which God has manifested for you be hidden from you. Come now, behold your search" said he. "Hail to thee" said the Shepherds "for to thee first has been manifested God: that is the greatest good that has come and that will come." Then Joseph went before them to the door of the house. The Shepherds go after him into the house with much rejoicing. Joseph tarries without, behind them, and lifted his face up to heaven, saying "O great God, great is this miracle! We thought that none other but ourselves had knowledge of the Divine birth, and yet the Shepherds heard it, they being a thousand paces from Bethlehem eastwards."

77. Simeon said "Wonder not" said he "at anything of what thou shalt hear about this Child, but only believe truly what I tell thee, that it will be a short (time) till the men of the world will recognise His miracles and His marvels." As they were for a long time in that conversation, Simeon and Joseph, then came the Shepherds out from the stall and said "We have seen the Son of the Heavenly Father" said they. "How is that?" said Joseph.

"Fairer than earth" said they
"More wonderful than heaven
Brighter than sun
Clearer than streams
Sweeter than honey
Greater than the universe
Higher than heaven's hosts
Comelier than angels
Nobler than the world
Wider than the universe His speech
Better than the world
More precious than creatures
Eye does not reach Him
And He finds not room in ears,
The world has not found and shall not find His like."

78. And they said "We have kissed His feet" said they

"and we have licked His hands, and we have beheld His face, and He has done miracles and great wonders in our presence; and good luck to thee, Joseph" said they "for there has not been given to a man ever before thee, nor shall there come to anyone after thee, a dignity like the dignity which has been conferred on thee: and give us a love for Him" said they "for we are contented so far, since thou hast permitted us to behold the Divine brightness." "What is it then that ye wish?" said Joseph. "It is not difficult to say: thy coming with us" said they "to drink wine and to amuse and enjoy yourself, for to-day our chief has a great banquet for us, that is, the chief of the Shepherds. It is indeed customary for him to prepare a great feast every year for the shepherds: on the eighth of the Kalends of January precisely that feast is held." "I will not go however" said Joseph "as that would not be right for me, forsooth, to leave Mary and her Child without their having food and drink: but, indeed, my soul and heart are with you" said Joseph "and take my blessing (with you)." "Since thou comest not with us" said the Shepherds "every best thing we shall have shall reach you, to wit, fresh cheese and milk and a crown of thorns, and wine, and good wheat. and honey, and hen-eggs, and vegetables and herbs likewise; and even as thou art towards the little babe, so also shalt thou be with us."

79. Now the reason why the Saviour was first seen by the Shepherds is because they were without sleep, a-watching and waiting for the light of day. This is what that denotes, whoso wishes to obtain everlasting life ought to be without sleep in the night time, a-watching for eternal light, that is, the countenance of Almighty God.

The Shepherds then went away. And Joseph, and Mary, and Christ were in the guest-house like that, and all these viands were given to them by the Shepherds as we have previously stated.

## INCIPIT ABOUT THE STORIES OF THE MAGI

80. They (Joseph, Mary, and Christ) were there some time longer. As Joseph was there standing in front of the house on a certain day, he saw a great band of people coming towards him from the east straight onwards, and then Joseph said to Simeon "Who are these that are coming towards us, my son?" said he. "Methinks that it may be from afar they might have come." Now Joseph came towards them and he said to Simeon "I fancy, my son" said he "that it is the omen art of Druids, and it is soothsaying they are practising, for they take not a single step without looking up, and they are discussing and communing with one another among themselves; and as it seems to me" said he "they are people of a strange race, and it is from foreign regions they have come, as they have not the same form or colour or look as our people have. For white and wide are their tunics, and purple and even-coloured are their mantles, and they have long reddish hoods, and speckled and gapped shoes, like a king or chieftain, by their appearance."

81. Now there were three warriors in front of that band, to wit, a handsome and venerable man, bearded, grey, and fawn-like, named Melcisar, it is he that gave the gold to Christ; another man, bearded, with very long brown hair, named Balcisar, it is he that gave the incense to Christ; another man, also fair, without beard, named Hiespar, it is he that gave the myrrh to Christ. Other names for these kings were Malcus, Patifaxat, Caspar, that is, Malcus was Melcisar, Patifaxat was Balcisar, Caspar was Hiespar.

82. Said Joseph "It is well they march on" said he "and they are unfatigued though it is from afar they come." After that then they came to the place where Joseph was, and his son, that is Simeon. They however went past Joseph to the house. Joseph went with them, and he said and said "Who are ye?" said he "tell me for God's sake, and whither go ye to the house without my leave?" "Our leader and lord went before us to this little dwelling, and after him we go" said

they. "Whence then have ye come?" said Joseph. "From the east" said they "from the eastern part of India, and from the lands of Arabia and from Callatian[1] lands and various other regions of the east of the world" said they. "Wherefore have ye come?" said Joseph. "That is not difficult to tell" said they "to wit, the King of the Jews and the King of the whole world was born in this land, and we have come to seek Him and to adore Him and to contemplate Him" said they. "Whence did ye understand that?" said Joseph. "Not hard to tell is that" said they "(on account of) its being in our old books and old writings from the time of the first man till to-day, that whatever be the time we should behold a star like this over our land, (we were) to go with it what way soever it would go, as it was a sign of the King of the world. For it is by that King, it stands in prediction and prophecy, that we ourselves and the human race are to be saved after His birth immediately." "What causes you not to go into Jerusalem to seek Him, as it is the capital city of this land, and in it is the Temple of the Lord, and there also is the abode of the King of the Jews, to wit, of Herod?"

83. "We have gone (thither) already" said they "and when we reached the city, then the star departed from us, and we did not see it at all, and we went into the house in which King Herod was, and told him the King of the Jews was born in his territory, and that His royal star was before us from the east of the world up to this, and it went from us here. And we were inquiring of the King and of the Jewish people likewise the place in which He was born, and they said they did not know. Then were gathered to Herod all his magi and sages, and his folk of learning and knowledge, and he asked of them the place where they had in prophecy that the King of the Jews was to be born. They all said 'In Bethlehem of Juda' said they 'as the Holy Ghost declared by the mouth of King David son of Jesse De diversario in spelunca nasci Christum in Bethelem. And again the head of authors and prophets, Jesus himself said on his own behalf "Tu Bethelem terra Iuda nequaquam minima es in principibus Iuda, ex te

[1] Kallacda? Chaldean.

enim exiet dux qui regat populum meum Israel." Thou Bethlehem of Juda, land and country of Juda son of Jacob, thou art great and thou art wonderful amongst the towns of the land of all Judea, and it is in thee shall be born the leader and king that shall rule the Israelite people.'"

84. Then and there great trembling and fear seizes the aforesaid Herod, and he said "What place else should the son of the King of the Jews be born in but my house?" Then said the magi "The son of the King of the world is he who has been born." Then indeed there were great deliberations and many considerations in the mind of King Herod. Then again were summoned to him the wise men of the Jewish people, and he again inquired of them diligently where in prediction and prophecy was (to be) the birth of that King. They all said "in Bethlehem of Juda" said they.

85. Thereupon Herod said to the magi who had come to adore Christ "Go" said he "to Bethlehem of Juda, and if ye find Christ therein, come back to me that I may myself go to adore Him; and take" said he "my royal diadem to Christ" (i.e. a King's diadem of the gold of Arabia, full of precious stones and ornate carbuncles: and that was the diadem which was on the head of Herod himself every day). "And take also this royal ring to Him with a brilliant gem in it, for which equal or like has never been found of the gems of the world. It was given to me by the King of the Persians, and give ye it to that King; and when ye shall come back, I shall go myself to adore Him, bringing with me other gifts for Him which shall be better than those."

86. "We have brought then those presents" said the magi "and we came out of the city, and immediately our royal star was shown to us, and that was a great joy to us; and then it came on till it is over this house and over its top, and it entered the house in our presence, and thou forsooth dost not let us go after it."

Fitting indeed was the thing that happened there, that is, the magi and kings in one person adoring the King of truth and the Author of prophecy at first (and) before all (others). However, though they were magi by reason of prophesying and prediction, kings were they for dignity and preeminence and strength and power. But the reason they were called magi was on account of the prediction and prophecy they made concerning the Lord's birth, and as they told it in every land from the land of India, and the land of Arabia and the Sillachacda[1] to the country of Juda, that the Saviour was born, i.e. the Son of the King of the world, at that time. Of the tidings of the magi hitherto, and of their predictions in every land (from one) to another, from the east quarter of the world to the land of Juda and to Bethlehem.

87. And then they were asking Joseph's permission to enter the house. Now Joseph said to them "I will not hinder you" said he "(as to) what God himself has revealed to you." Joseph indeed was glad that all people in general had a knowledge of these tidings and that it was manifested to them. "God bless thee" said they "and we will go to see the Saviour and God of men." They then entered the house and saluted Mary and said then "Ave tu benedicta, gratia plena. Hail, thou art blessed and thou art full of grace." They then went to the crib, and were contemplating Christ in it. After the magi had gone into the house, said Joseph to Simeon "Go after them, my son," said he "and watch them cautiously, that thou mayest see and know what they do to the Child; for it is not proper for me to watch and look closely at them."

88. Simeon went after them and was looking at them. Then the magi were with their faces on the ground in prostration and lying down before the Son of God. Wonderful to Simeon seemed the rite they were performing, and he mentioned it to Joseph. "See still" said Joseph "what they are doing." They rose up after that, and they opened out (some) of their presents and gave them to Christ. "What is the thing they gave him?" said Joseph. "I can tell you" said Simeon "gold and incense and myrrh, and the presents Herod gave them."

Then James of the Knees i.e. the brother of Christ himself, said that the magi gave many other presents to Christ, i.e. remarkable purple of imperishable light, and a bright

[1] Cilicians. v.l. Kallachacda, Kallacda ut supra ? Chaldeans.

pearl, and a garland of fresh grass which never withers, but has a pure purple blossom for ever, and a through-braided wreath of various fresh grasses, with blossom of purple on them as if it were that moment they were out, and a large linen cloth new and pure bright, for which equal or like was not found. Such indeed was the greatness of its brightness that people saw lightnings rising from it as a sunlike star or as sparks from a great fire when its glow is greatest. They then gave a royal wand with gems of glass and precious stones for which equal or like has never been found in the junction of the making of creatures from the beginning of the world to its end, unless it be the firmament by reason of the multitude of stars and precious stones in it, like the sun and moon.

89. There darted out of them indeed great fiery meteors like a sunlike star, so that human eyes melted before them on account of the brilliance. And they gave other gifts for which the like was not found in the world.

Then said Simeon "Good are the men" quoth he "and blessed are their gifts, and they kissed the feet of the infant, with offerings to him. They are not indeed the same as the shepherds, for these gave no presents to him. And the folk who gave presents, it shall be a beginning of great blessing to them, for their seed will give presents for ever." That was true indeed, for that was the beginning of the Gentiles to believe in Christ, and these were the first gifts of the Gentiles and their primitiae at first.

90. Then said Joseph to Simeon "Watch carefully what they are doing now." "They are" said Simeon "worshipping, and conversing with the child: I hear their voice, and I know not what it is they say." "They are all doing honour to the child" said Joseph.

After that the magi came out and said to Joseph "O just and perfect man," said they "good is the charge thou hast if thou didst know it, to wit, the Son of the King of the world is being nursed by thee, since we have more knowledge of Him who is with thee than thou hast; for the Babe who is near thee is the God of gods and Lord of lords and Creator of the elements and of the angels and archangels.

91. "He is the strength of God and the hand of God
He is the right hand of God and the wisdom of God
He is the comprehension of creatures, the beholder of the (whole) world
He is the death and terror and refuge of creatures
He is the judge and physician and protection of creatures
He it is who shall summon and scatter the gods of the Gentiles
He it is who shall straiten (*or* devastate) hell and weaken the strength and power of the devil
He it is that shall break the sting of death
He it is that shall scatter the diabolical power of distressful hell with its detestable evils
He it is whom all the tribes and nations of the whole world shall serve
He is also the judge and the nourishment of angels, and the life of the family of heaven, and the breastplate of protection of eternal life, without end, and the helmet of the crown (i.e. head) of the heavenly city."

92. Then Joseph said "Whence at all did ye understand the prediction of Christ's birth?" "We understood it" said they "from our own old writings and from our ancient prophecy, which were from long ago in our possession predicting Christ. Since thou art asking how we understand all about the birth of Christ, we will tell thee all from beginning to end as our fathers and our forefathers foretold to us from the time of the sons of Abraham of yore till this day. What then" said they "but while we were guarding the prophecy and token which they left with us, one day on the Kalends of January precisely, and while we were reading the prophecy, we saw at once the sign which was foretold, i.e. a great star hairy and fiery between us and heaven. We were indeed overjoyed at it, and no one did see it but ourselves alone. A description of that star, or its forms and colour, no one can give it, unless an angel of God were to give it. For greater was its light than as sun's light; and from the day that star appeared to us, greater and nobler was its light than the light of all the constellations and stars together, and such was the greatness of its light that heaven and earth was full of it."

93. "We came at once after it; it came before us brightly and radiantly, and it was not slowly moving and unsteady, as other stars, but it came right and firmly before us without going in and out at all. There has not been worked, there will not be performed a miracle which could be greater than the star being like that, and its coming from the east quarter of India to the land of Juda; for there was no one else guiding it save the power of God, in truth. It came then a journey of twelve months *plus* twelve days, and indeed it was higher than a bell-house before us. Equal (in size) was its body and the body of the moon, greater its light than the light of the sun. And thus came we after it, and we were on fleet horses" said the Magi to Joseph. "Now the names of those horses were Dromann Darii, Madian (and) Effan, and those are the horses that perform a month's journey in the single day, and it is a journey of twelve months thence from India to the land of Juda. Well, then the star came on before us up to this" said they "and stood over the top of the house in which the Saviour is, and there is no one that should see it but would love God supremely on account of the holiness and the marvellousness of His action."

94. Then said Joseph "What are your own names?" said he. "That is not difficult (to tell), Melcisar is my name" said the bearded grey-haired man. It is he that gave the gold to Christ. "Balcisar is my name" said the bearded, dark brown-haired man. It is he gave the incense. "Hiespar indeed is my name" said the young beardless man. It is he gave the myrrh.

Said Joseph to them "Since ye have recognised the Creator, He being a babe, come with me now to partake of food and drink, and abide to-night with me, and I will purchase for you precious wine and many-flavoured wheat and various viands: for ye believed the true God, and ye gave noble and honourable gifts to Him." "(We) must go" said they "as He has fed us already with the heavenly banquet, and it is more delightful to us than to thee." "Good is the human feast in addition to the divine feast" said Joseph. "We will not tarry here to-night" said they "we will not go to Jerusalem, though we promised to go thither, for Herod is to be shunned by us, as the angel came to us last night to tell us to go by another way to our home, and that indeed is to be done, and receive thou (our) blessing, as thou art a man of election and of great honour with God." 95. They then went another way to their home, as the angel had said to them.

Variously indeed do writers tell the tidings of the Magi. This is what James of the Knees says in his Gospel of the Children (?). "Seven is the number of the Magi, and in nine days afterwards they came to Bethlehem." This is what Matthew, son of Alphaeus, said in his Gospel et in libro de Infancia Marie, i.e. in the book in which is narrated the birth of Mary, that it is after twelve days they came. And the sacred commentators say they were three kings and (that there were) a hundred and three score ships with them, and that their ships were burned by Herod, in order that they should come to converse with him in returning. It is also narrated that they gave very great presents to Mary and Joseph, besides what they gave to Christ *et reliqua.*

# APPENDIX

## THE STORY OF THE ROBBER

This is a very obvious interpolation into the text of Arundel 404. Its intrusive character is plain not only from its style, quite different from the context, but from its beginning and end.

The text has followed Ps. Matt. closely enough in cc. xviii—xxiv, telling the story of the Dragons and Lions, of the palm-tree, and of the fall of the idols and conversion of Affrodosius. It does not quite finish the speech of Affrodosius, but goes on abruptly to relate the Return, mostly in the words of Matthew, and more at length than Ps. Matt. xxv. Then it returns with equal abruptness, mentions the reward given to the palm-tree for its service (*ut est dictum*) and proceeds to tell the story of the robber, ending with a doxology. Moreover, in the middle of it, when the robber has just parted from the Holy Family Joseph says to Jesus 'Domine estus nimius decoquit nos' (which is the beginning of c. xxii in Ps. Matt.) and then breaks off. The indications are that the order of events in the text whence our interpolation is taken was: palm-tree, Robber (1st visit), journey shortened, fall of idols, conversion of Affrodosius. Robber (2nd visit), return from Egypt. What the source was I am quite unable to guess. The style of the interpolation is very heavy, rhetorical, and prolix.

The same form of the tale is found in the *Vita Rhythmica* of the Virgin and Christ (ed. Vögtlin I. 2234—2268) and in the prose *Narrationes* edited by O. Schade (Königsberg 1876, no. 26), where it is shortly told. Several chapters in the Arabic Infancy Gospel tell of cures, usually of leprosy, worked by the water of the Child's bath (cc. xvii, xviii, xxvii).

Other forms are to be found in the recension B (Greek) of the *acta Pilati* (Tisch. pp. 308—9: *Apocr. N.T.* p. 117) where the leprous son of the good thief Dysmas is healed: and in Aelred of Rievaulx (*Apocr. N.T.* 81) where the robber's young son is captivated by the beauty of the Child: this is pictorially represented in the Holkham Bible picture book (*Walpole Soc.* XI. p. 13: *New Pal. Soc.* pl. 243). In the Arabic Gospel xxiii the good thief Titus ransoms the Holy Family from the bad one Dumachus. All agree in the main gist; that there was an encounter in Egypt with the Good Thief of the Crucifixion.

Arundel 404, f. 15*a*: after Tisch. p. 90. Ps. Matt. xxii. 1.

ceperunt videre Egipti montes et ciuitates eius in equitatu suo Tunc omnes gaudentes deo gratias cum exultacione referunt. Cum ergo uenissent in unam ciuitatem que dicebatur Sothenen. et quod in ea nullus erat notus ubi hospitarentur deuenerunt ad quoddam templum deorum ipsorum quod capitolium· dicitur et ingressi sunt in eum. et subito ydola illa que erant in eo quorum ⟨numerus?⟩ trecenta sexaginta quinque quibus singulis diebus honor deitatis a sacrilegis prebebatur dederunt locum ita ut fugiencia corruerent in cinerem. ut impleretur quod ait propheta dicens Deus stetit in synagoga deorum et cetera.

Tunc Afrodisio cum nunciatum esset uenit ad templum cum omni exercitu suo et cum omnibus amicis et comitibus suis. Sperabant autem omnes pontifices templi eum nichil dicere velle in hiis quorum causa conuenerant. Ille autem ingressus templum et videns verum esse quod audierat statim accessit ad Mariam et adorabat infantem quem ipsa Maria in sinu suo portabat. Et cum adorasset allocutus est uniuersum exercitum suum et omnes amicos suos et dixit Hic nisi esset dominus deorum nostrorum non se coram eo prosternerent, neque dominum suum iacentes protestarentur. Nos ergo quod deos nostros videmus facere nisi cauentes fecerimus omnes pocius periculum indignacionis eius incurremus et uniuersi in interitum deueniemus, sicut euenit Pharaoni regi Egipciorum qui fuit in illis diebus quibus deus fecit mirabilia magna in Egypto et eduxit populum suum in manu forti.

Morati sunt ergo in Egipto usque ad obitum Herodis. Defuncto autem Herode apparuit angelus domini Ioseph in Egipto dicens. Surge et accipe puerum et matrem eius et reuertere in terram Israel. Defuncti sunt enim qui querebant animam pueri. Exurgens autem Ioseph fecit quemadmodum illi preceptum fuerat ab angelo domini inhabitauitque in ciuitate Nazareth ut scriptum imple⟨re⟩tur dicens Quod Nazarenus vocabitur.

Mercede itaque magnifica Christi palme a Ihesu tradita ut est dictum de loco ubi pernocta⟨r⟩unt campum solitudinis desertum longum latumque transire ceperunt. Frequentabant autem hunc campum duodecim latrones operis pietatis ignari qui transeuntibus nec in rebus nec in corpore pepercerunt. Consueuerunt et hii cum potencia venientibus cum in eos vim exercere non possent dicere a terrarum circumiacencium potestatibus se accepisse ut sue mercedis causa in hoc heremo homines conducerent et ab errantibus preseruarent. Qui victum nugis huiusmodi et latrociniis conquirentes dampna quecunque poterant transeuntibus intulerunt. Solebat tamen inter eos frequenter contingere ut pro maioritate porcionum intra se in spoliorum diuisionibus disce[r]ptantes adinuicem se acerrime uolnerarent. Propter quod est tale postremo consilium editum inter illos ut lucrum unius diei uni et alterius diei alteri deberetur. et sic ex ordine successiue. sicque illorum quisque deputantes diei lucro sine complicum inquietacione gauderet. quod et sic factum est. Quadam autem die dum locis rapinarum insisterent et se aliquid execrabiliter acquisituros sperarent, visus est Ioseph cum beata virgine et eorum familiis a remotis venire. Estimantes ergo mercatores illos esse, eo quod pecora cum eis gradiencia somarii viderentur, dicebant se plurimum ab illorum facultatibus esse ditandos. Inquiunt enim illos pro nimia mole gressu lenciore progredi. Respondens is cui lucrum illius debebatur diei ceteris dixit Sinite et absque spe desistite, quia nichil in huiusmodi verba proficitis. Ego nunquam ordinem ab omnibus nobis acceptatum infregi. qua propter huius diei debito mihi lucro gaudebo. Quo accepto vitam meam deinceps meliorare desiderans nephande rei hactenus geste iam magis interesse non cupio. dolet enim uxor mea et filii tanto me tempore in uita tam nepharia perdurare. Latronibus itaque hiis et aliis conferentibus, appropinquabat beata societas. Congnita ergo aduenientium tenuitate substancie, illusus est a ceteris huiusmodi sibi predam usurpans. dicentes reliqui Si hoc magnum lucrum nobiscum partitus non fueris, altera uice cum se facultas optulerit. tibi talionem reddemus. Solet enim a uicinis ad inuicem vices reddi. Mouentes in eum digitos dixerunt O digne debuit a societate nostra fructuosa pro lucro tam honorifico segregari. Quod sub umbra paupertatis latuit ignorantes. Ille vero ceterorum illusionibus et irritacionibus diuersis quasi ad amenciam prouocato (-us) frendens dixit. Ingentem meum in hoc sene quem dyabolus ad tantam uetustatem perduxit uindicabo dolorem. Paruuli autem mei lacticiniis pecorum nutrientur. Puerum vero cum venusto sit aspectu filio meo in seruitutem redigam. Dominam quoque et familiam eius quanto cicius potero vendicioni exponam. De sene autem quid faciam ignoro. Emolumentum aliquod per eum me consecuturum non video. expedit ut intereat quia iam vetustate consumptus per eum panis consumitur non nisi gratis. Sic ergo latrone impio margaritas preciosissimas secum cum indignacione ducente, de illarumque dispendio cogitante. et stridens dentibus ad suum habitaculum properante. modo puerum modo matrem modo senem terribili ac uoltu pretoruo respexit. Cui puer omnibus arridere non desiit horis. Senem vero a lacrimis. nunquam inuenit ⟨? cessantem⟩ quia cura non sui corporis sed pueri et matris eum feruentissime perurgebat. Cum autem sibi complacuit per quem leones pariter et dracones mansuescunt. prout in eodem itinere euidentissimis fuerat documentis probatum. per quem etiam populus Israheliticus ab Egypciis mansuefactis regis Egypciorum furoribus misericorditer reducitur et potenter, latronem lupum subito in agnum mansuetum mutatum sue pietatis rore perfudit. ita etiam ut circa eos quos crudeli funere deputarat pure dileccionis ac dulcedinis viscera demonstraret. Dixit enim ad Ioseph Noli lugere karissime, confortare puerum et matrem eius et familiam. quoniam ex hac hora inantea a me non sencies nisi bonum. Consolacionibus ergo verborum adinuicem habitis dixit Latro Me sequimini. Ego preibo et uestre recepcionis locum congruum preparabo. Ioseph vero circa vesperum cum familia sua in domo latronis recepto et in omnibus necessariis laudabiliter procurato de iussu mariti per hospitam domusque hospitum suorum summopere curam gerebat, balneum fuerat puero procuratum. In quo dum puer applaudens matrone que regebat eum resideret, et aquam balnei puerili more manibus compulsaret, factus est odor suauissimus effumigans super aquam. Domo autem tota huiusmodi odore referta apparuit in superficie aque balnei spuma niuei coloris redolens plus quam dici possit. Quam spumam dum de balneo superexiens ad terram deflueret domina domus que in balneo puerum tenebat in mundo vasculo diligenter suscipiens honorifice collocauit, attribuens que acciderant pocius diuinitati quam humanitati. Mane autem sumpto prandio matrona domus cum hospitibus multiplicatis amplexibus puerum suo pectori comprimens matrem benedictam que illum genuerat asserebat. eo quod tanti dulcoris puer nunquam magis visus fuerat super terram. Commendatis itaque eis ab hospita domino reducti sunt ab hospite ad sui locum securum itineris, redditaque ibidem hospiti tam amicabilis hospicii gratiarum actione multimoda, creatori eos omnium commendauit. Sic eis ab inuicem segregatis dixit ad Ihesum Ioseph Domine estus nimius decoquit nos.

Reuocato itaque per angelum ab Egypto Ioseph ubi confractis diis gentilium, deiecto erroris fomite legis precepta Egypciis puris cordis desiderio id deposcentibus per Ioseph fuerant demonstrata eius sumpta secum familia viam per quam venerat remeauit ut impleretur dictum Ex Egipto vocaui filium meum. Cumque peruenissent ad locum ubi ab hospite qui altera uice illos adeo dure receperat et cum tante pietatis fomento dimiserat recesserunt cogitauerunt dicentes quod et hospitem et hospicium visitare deberent. Dimissa ergo strata publica semitam per quam cum hospite venerant intrauerunt. Contigerat autem medio tempore hospiti eidem res non obliuioni tradenda. Nam quadam die dum complices sui una secum quosdam strennuos transire volentes per heremum rapiendi et occidendi causa crudeliter insilirent, illis et res et uitam prouide defendentibus maior fuit quantitas occisa latronum Ex eis eciam quidam uolneribus sic diuersis afflicti ⟨sunt⟩ quod denegata videbatur recuperatio sanitatis. Inter quos omnes dum hospes predictus multo plus ceteris uolneratus quasi ad sepeliendum sue domui redderetur Facto super eum ⟨a⟩ muliere planctu nimio et ineffabili lamentacione visoque a latronibus quod nullo sibi poterat medicamine subueniri, extra domum uniuersi se iussu mulieris miserunt. Clausis itaque fenestris et ianuis uniuersis accessit mulier deuotissime ad medicandum quod alia vice in pueri balneo susceperat. quod per ipsum sui ipsius corporis medio tempore passiones diuersas sepe fugarat. Linitisque exinde cum fiducia magna et prece non modica mariti uolneribus uniuersis ac singulis statim et sine mora sanatis uolneribus maritus pristine redditus est sanitati Ita eciam quod nec ulle cicatrices uolnerum appar⟨er⟩ent. Intellecto igitur ab uxore quali uirtute sanatus extiterat maritus deo gratias egit Et conuocans omnes qui poterant presentes adesse rem gestam et qualiter hoc fuerat ung⟨u⟩entum optentum interrogata mulier ex ordine recitauit. Quod videntes latrones ceteri ungentum hoc eis vendi quantocumque carius deprecantur Rennuens autem mulier hoc dixit se donum ex dei virtute receptum vendere non velle. Sed tamen exinde in summis necessitatibus deuote poscentibus largiri gratis pollicita est. Ad optinendum ergo beneplacitum mulieris, ut si necessitas eueniret latronibus de huiusmodi medicamine partiretur, quisque illorum sibi tam furienti studio seruiebat ut quidcumque preciosi carpere posset oris singulis ad eius domicilium deportaret. Propter quod quam plus (plus quam) credi possit maritus et uxor extremo ditati iam magis non nisi bonis operibus inherere studebant. soli deo et puero quem hospitati fuerant, a quo eciam processerat hoc ungentum gratias et de corpore et de acquisitis omnibus referentes. Locupletatis eis bonis plurimis ut est dictum, aggreditur visitandi gratia domum illorum Ioseph labore multiplici fatigatus. Quem cum familia cum maritus adesse uideret ingenti repletus gaudio aduocans festinus uxorem occurrentes aduenientibus letissimo eos aspectu suscipiunt, asserentes aduenisse tocius eorum salutis auctorem. Benignissima ergo salutacione peracta dum adinuicem collacionibus fruerentur hospes quidcunque sibi post illorum recessum sibi acciderant enarrauit, referens qualiter sanatus et de huiusmodi medicamento ditatus. Super quibus omnibus cum domino gratias reddidissent leti intendere refectioni ceperunt. Variis ergo ferculis sumptis quolibet potus genere multiplicato iocunditate omnimoda que in domino licuit habitaque frequenti requiescendi gratia lectisterniis se committunt. Quorum commoditatibus sollicite domus familia intendebat. Mane autem facto sumpto prandio dum ibidem non vellent diucius permorari concedente illos hospite quam cum (tum) matrona cum marito de illorum tam de repentino recessu doluerunt neque(-it) dici.

Ipse vero maritus illis viam per quam secure progrederentur et victualia inuenirent venalia demonstrauit. Sic ipse regrediens ab illis domino commendatus in tanto bonis operibus insudauit quod postmodum penes dominum in cruce suspensus omnium veniam suorum obtinere meruit peccatorum. Ad quos nos perducere dignetur qui viuit et regnat per omnia secula seculorum. amen.

Factum est post regressionem Ihesu de Egypto cum esset in Galylea inchoante octauo anno etatis eius una die sabbati ipse cum pueris ludebat etc.

www.ingramcontent.com/pod-product-compliance
Lightning Source LLC
Chambersburg PA
CBHW070443090426
42735CB00012B/2451
* 9 7 8 1 6 0 6 0 8 3 0 8 6 *